KB212038

지금, 여기에서 깨닫는 유마경 강의

지금, 여기에서 깨닫는 유마경 강의

집착과 분별을 넘는 큰 가르침

발행일 초판1쇄 2023년 7월 25일 | **지은이** 성태용
펴낸곳 북튜브 | **펴낸이** 박순기 | **주소** 경기도 고양시 덕양구 소원로 181번길 15, 504-901 |
전화 070-8691-2392 | **팩스** 031-8026-2584 | **이메일** booktube0901@gmail.com
ISBN 979-11-92628-19-6 03220

튜브 책으로 만나는 인문학강의 세상

지금, 여기에서 깨닫는 유마경 강의

집착과 분별을 넘는 큰 가르침   성태용 지음

머리말

아직 사람이 여물지 않아서 그런지, 눈에 거슬리는 것이 너무 많고 또 그것을 잘 참아 내지 못합니다. 제 생각이 옳다는 생각에 서슴없이 비판을 해댑니다. 이 나이에 아직 철이 덜 든 것일까요? 그렇지만 "세상사 다 그렇고 그런 거지!" 하며 달관한 태도를 가지는, 그런 식의 철이 들고 싶은 생각도 없습니다. 내가 옳다고 생각하는 것을 올곧게 세우고, 그것으로 세상과 부딪혀 나가다 보면 조금은 더 나은 '옳음'을 세워 나갈 수 있지 않을까 하고 생각합니다. 그리고 그러한 길이 불완전한 우리에게 주어진 길이 아닌가 하는 믿음도 있구요.

무엇이 그렇게 눈에 거슬리느냐고 물으신다면…. 참으로 많습니다. 그걸 일일이 다 들 수는 없는 노릇이니 우선 세상 돌아가는 일 중에 가장 눈에 거슬리는 것 하나를 들어 보겠습니다. 바로 양극화입니다. 비탈길을 구르는 바퀴처럼 걷잡을 수 없이 양극화로 치달아 가는 현실이 너무 걱정됩니다. 객관적인 눈은 사라지고 네 편 내 편만을 가르는 우리의 세태…. 이렇게 나가다 보면 결국 양극화의 끝까지 치달아 피흘리는 역사를 만들어 내지 않을까 싶습니다. 그것은 어떻게든 막아야 하겠지요. 서로 다른 것들이 조화를 이루며 공존하는 세상을 제시하고 지향하는 것이 그래도 먹물깨나 먹었다 하는 사람들의 사명이라는 생각에, 좌로 우로 들이받는 일이 많습니다.

불교계에는 눈에 밟히는 이상한 일들이 더더욱 많습니다. 대승불교라고 하면서 전혀 대승불교답지 않은 모습, 전혀 부처님 가르침답지 않은 것들이 활개를 치고 큰소리를 내는 모습, 불자들의 공동체라고 하기에는 정말 부끄러운 우리 사부대중의 모습들…. 정말 거슬리는 것이 너무 많습니다. 불교계에서 활동을 조금 하다 보니 제가 불교를 전공하는 학자인 줄 아는 분들도 많은데, 저는 불교 전공자가 아닙니다. 유학(儒學)이 제 전공이지요. 그래서 불교의 깊은 이론에 들어가면 자신이 없습니다. 그렇지만 자신이 없다고 움츠리고 있을 성격도 못 되다 보니 가끔 분수에 넘치는 되바라진 소리도 하게 됩니다. 우리 속담에 "무식한 도깨비는 부적을 몰라본다"는 말이 있지요? 스스로 불교계의 무식한 도깨비로 자처하면서, 또 그것을 변명

삼아 용감하다면 용감하고 무모하다면 무모하다 할 소리를 해 대곤 하는 것이지요.

이번에 분수에 넘치는 『유마경』 이야기를 하게 된 것도 다 무식한 도깨비짓의 연장선에 있습니다. "분수에 넘치는 짓을 왜 하느냐?"고 물으신다면 나름의 변명은 있습니다. 고승대덕이나 석학들께서 강설하는 방식과는 다르게, 즉 심오하고 근엄한 방식이 아니라 부담 없이 읽으며 『유마경』의 맛을 느낄 수 있는 방식으로 풀어 보려 한다는…. 그것이 시대에 맞은 새로운 감각으로 『유마경』을 읽는 조그만 시도가 될 수도 있다는 생각도 들고요. 이런 가벼운 마음으로 『유마경』을 풀어가 보겠다는 것이지요.

가벼운 마음으로 한다고 말씀드렸지만 실제로 마음이 그렇게 가볍지만은 않습니다. 『유마경』이라는 경이 제가 세상을 보고 불교를 이해하는 기본적 시각이 되어 있기에, 이 경을 대하는 마음 자세가 그렇게 가벼울 수만은 없지요. 대학생 시절에 『유마경』을 처음 접하고 상당히 깊은 감동을 느꼈습니다. 그리고 여러 가지 인연으로 여러 도반들과 여러 번 『유마경』을 윤독하기도 했구요. 교수로 있으면서 학생들과 강독을 한 일도 있습니다. 그때마다 『유마경』은 참으로 깊은 울림을 주었습니다. 앞의 울림에 뒤의 울림이 공명을 하면서 더더욱 깊은 울림으로 증폭되었지요. 그래서 제 불교적 사유는『유마경』의 가르침이 근본 틀을 이루고 있다고 해도 지나친 말이 아닙니다. 그렇지만 이런 울림을 글로 다 써 보겠다고 나섰다가는 얼마 못 쓰고 포기할 것 같아요. 그래서 될 수 있는 대로 가벼운 마음으로 써 보겠다고 하는 것입니다.

『유마경』은 지금 우리 세상, 우리 불교계의 현실에 가장 필요한 가르침을 담고 있는 경전이라고 생각합니다.『유마경』의 핵심사상이라 할 수 있는 '둘이 아닌 진리의 문'[不二法門]은 이 시대의 가장 큰 문제인 양극화를 해결하는 열쇠가 될 수도 있다고 생각합니다. 소승의 가르침에 대하여 한 치의 용서도 없는 날카로운 비판의 칼날을 들이대는『유마경』의 가르침은 이 시대 새로운 대승운동의 길잡이가 될 것입니다. 그러한『유마경』에는 또한 위대한 긍정의 가르침이 담겨 있습니다. "연꽃은 진흙에서 피어나지만 진흙에 물들지 않는다"가 아니라, "연꽃은 진흙에서라야만 피어난다"입니다. 우리와 우리 세상의 못나고 어지러운 모습을 추한 것으로, 거기에 물들지 말아야 할 더러운 것으로 제쳐놓지 않습니다. '바로 거기에서만' 큰 깨달음이 열리고 맑고 향기로운 불국토가 세워질 수 있다는 것이지요. 이러한『유마경』의 가르침은 암울한 현실에 의기소침해지지 않고 힘차게 걸음을 내딛을 수 있는 용기를 북돋아 줍니다.

책 속에서도 밝혔지만 『유마경』을 풀어 가면서 한 권의 참고서도 읽지 않았습니다. 어떤 측면에서는 부끄럽고 죄송스런 이야기입니다. 그렇지만 참고서 읽고 쓰다 보면 학문과 지식이라는 것에 가로막혀 제 소리가 나올 것 같지 않아서요. 평소의 불교에 대한 제 지식과 소신을 바탕으로, 나름대로 열심히 『유마경』의 뜻을 새겨 가면서 쓴 글입니다. 부족한 부분에 대해서는 "성태용, 또 무식한 도깨비짓 하는구나!" 하고 웃어 주시면 됩니다. 그렇지만 "가끔은 들을 만한 소리도 있네!" 하는 너그러운 눈으로 봐 주시면 좋겠습니다.

그렇게 쓴 글이기에 이 경이 어떤 경이고 유마거사는 어떤 사람인가 하는 딱딱한 방식으로 시작하지는 않겠습니다. 그런 전문적인 풀이는 귀찮으시더라도 다른 책에서 찾아 주시길 부탁드리고, 바로 『유마경』 속으로 뛰어 들어갈 겁니다.

그런데 어떤 방식으로 이야기를 풀어 나갈지에 대한 간단한 이야기는 여기서 해두어야 하겠네요. 여러 가지 생각한 끝에 원문의 번역은 싣지 않기로 하였습니다. 그렇지만 『유마경』을 처음 접하는 분들도 있을 것이기에 각 품마다 운문 산문 복합체(?)로 『유마경』의 내용을 요약 정리해서 들려드리겠습니다. 그다음에 제 나름대로 그 속에 담긴 중요한 내용이라고 하는 것을 풀어서 써 보렵니다. 경이라는 데 얽매여 딱딱한 표현을 쓰지 않고, 편안하게 읽을 수 있는 가벼운 글로 정리를 할 생각이지요. 『유마경』을 읽은 후 제 글을 읽으시겠지만, 그래도 제 눈으로 흐름을 요약, 정리하고 그 바탕 위에 저의 『유마경』 이해를 붙여 보겠다는 말씀입니다.

자, 서론이 너무 길었지요? 이제 정말 『유마경』 속으로 들어갑니다. 마침 첫번째 품(品)이 「불국품」(佛國品)이네요. '부처님의 나라'라는 뜻이지요? 함께 가 봅시다. 부처님과 유마거사가 열어 보이시는 찬란하고 황홀한 부처님의 나라! 서툰 안내원이지만 힘껏 노력해 보겠습니다.

이 책은 『월간 금강』에 연재되었던 '성태용의 이야기 유마경'을 바탕으로 하여 만들어진 책입니다. 부족한 글을 받아 주시고 다듬어 주신 『월간 금강』의 윤완식, 이강식 님께 감사드립니다. 또 부족한 책을 선뜻 출판해 주시는 북튜브 박순기 사장님께도 감사드리고요. 무엇보다 제 글을 읽어 주시고, 성원해 주신 독자님들 덕분에 힘을 잃지 않고 글을 써 나갈 수 있었습니다. 정말 사랑한다는 말씀 드립니다.

차례

1장

부처님의 나라

불국품(佛國品)

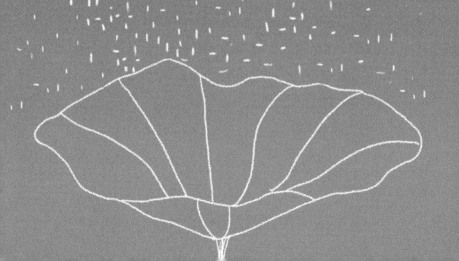

불국품의 주요 내용

그 어느 때이던가

부처님께서 바이살리 성의 암라팔리 숲에 계셨다.

8천의 비구 스님들, 그리고 3만 2천의 보살님들 함께하셨네.

보살님들이 많기도 하여라!

그 많은 보살님들 모두 위대한 성취를 이루셨고,

부처님의 위덕이 늘 그들을 떠받쳐 주셨네.

리차비족의 보적보살이 리차비족 젊은이 5백 명과 함께

칠보로 장식된 양산을 들고 와서 부처님께 올린다.

부처님은 신통으로 그 양산 모두를 하나의 양산으로 합치시니

그 속에 삼천대천세계와

그 속에서 설법하시는 모든 부처님들의 모습이 찬란하게 드러
난다.

보적보살이 부처님의 위신력을 찬탄한다.

찬탄을 담은 아름다운 게송을 지어 올린다.

그리고 묻는다.

"불국토를 청정하게 하는 보살의 수행은 어떤 것인가요?"

부처님께서 일러 주신다.

"중생들의 국토가 바로 보살의 청정한 불국토이다….

보살의 수행과 마음이 청정해지는 데 따라

불국토가 청정해진단다."

사리불이 의심을 일으킨다.

"세존께서 보살 수행을 하실 때

얼마나 마음이 청정치 못했을까?

이 불국토가 이토록 더럽게 오염된 것을 본다면…."

부처님께서 그 마음 알고 일러 주신다.

"나의 불국토는 청정한데

네가 보지 못하는 것일 뿐이야.

해와 달이 밝은데

장님이 그것을 보지 못한다면,

그것이 어찌 해와 달의 탓이겠니?"

나계범왕이라는 범천왕이 사리불에게

세존의 불국토가 얼마나 청정한지 자세히 설명한다.

그런데 성문(聲聞)인 스님들은 못난이 배역인가?

사리불 여전히 의심이 풀리지 않네.

부처님이 한 번 더 힘을 쓰신다.

발가락으로 지그시 땅을 누르시니

청정한 이 불국토의 모습 완연하게 드러나네.

내 마음이 청정치 못하여

이토록 청정한 불국토의 모습을 보지 못한 것이었구나!

사리불과 모든 대중들 환희심에 차서 의심을 풀고

누군가는 무생법인을 얻고

또 누군가는 아뇩다라삼먁삼보리의 마음을 일으키고

또 누군가는 해탈의 경지를 얻기도 하네

아! 크고도 큰 부처님의 위신력이여!

부처님 회상의 수많은 보살은 누구

부처님께서 바이샬리 성의 암라팔리 숲에 계실 때의 일입니다. 그곳에는 비구 스님 8천 명과 보살 3만 2천 명도 함께 계셨어요. 참으로 성대한 부처님의 회상(會上)입니다. 『유마경』에서 여기 모인 스님들과 보살님들의 위신력을 열거하는 대목을 보면 찬탄이 저절로 나옵니다. 욕망과 번뇌의 오염에서 해방된 존재들, 부처님의 정법을 수호하고 위대한 가르침을 시방세계에 펴시는 분들. 그 수많은 스님과 보살님들 가운데 부처님은 찬란하게 빛나고 계셨습니다.

그런데 여기서 한 가지 물음을 던지고 싶네요. 8천 명의 스님은 그렇다고 치고, 웬 보살님들이 이렇게 많았을까요? 스님 수의 4배나 되는 보살님들이 구름처럼 모였다니, 참으로 찬탄이 나오는 한편 의문도 생깁니다. 도대체 이 보살님들은 어떤 보살님들이고, 또 어디서 오셨을까요? 끝없는 삼천대천세계에서 신통력으로 날아와 한 자리에 모인 건데 왜 의심을 하느냐고요? 물론 그렇게 보면 더더욱 신심이 날지 모르겠지만, 저는 너무 뜬구름 잡는 식으로 찬탄과 신심을 일으키는 것은 별로 좋은 태도가 아니라고 생각합니다. 우선 합리적으로 생각해 봐야지요. 그렇다고 해서 신심이 줄어드는 건 절대 아닙니다. 오히려 사실에 근거할 때 견고한 신심이 생깁니다. 뜬구름 잡는 식으로 믿었다가는 부실공사처럼 와르르 무너지는 수도 있으니까요.

저는 이렇게 생각합니다. 우선 거기 모인 보살님들은 우리가 신앙의 대상으로 삼는 관세음보살님이나 문수·보현·지장보살님과 같은, 부처님 되기 직전의 높은 경지에 오른 보살님들만이 아니라고 보아야 할 거예요. 그럼 어떤 보살님이냐고요? 아마도 대승불교 초창기에 헌신적으로 불교운동에 동참한 불자들을 '보살'이라고 불렀다는데, 바로 이런 의미에서의 보살이 아닐까 생각합니다. 제 생각에 그치는 건 아닙니다. 실제 보살의 연원에 대한 매우 유력한 학설이지요. 아마도 그렇게 대승운동에 앞장을 선 대다수가 재가불자 아니었을까요? 절에 가서 법당에 모신 보살상을 보세요. 모두 재가불자의 모습이지요. 보관을 쓰고 화사한 옷을 입는데, 스님들은 그런 복장을 절대 입을 수 없습니다. 오직 가사만을 걸칠 수 있지요.

보살상 가운데 지장보살상만 스님의 모습과 비슷한데, 그것도 확실치는 않습니다. 왜 그럴까요? 스님은 보살이 될 수 없나요? 그럴 리가요. 보살도를 행하면 모두 보살입니다. 그리고 10지(十地) 보살을 거쳐 부처님이 됩니다. 제가 초창기의 보살들이 대부분 재가불자였다고 보는 이유는 대승운동의 중요한

송나라 시대에 만들어진 목조 보살상(상하이 박물관 소장).

측면 중 하나가 출가 승려 위주로 제한돼 있던 불교에서 재가
불자까지 포괄해 사부대중을 함께 아우르는 '큰 불교'로 바꾸
려는 것이거든요. 이렇다 보니 재가불자들의 호응이 남달랐고,
뛰어난 보살들이 많이 배출되었으리라 생각합니다.

　　그러한 보살이라는 이름의 유래에 대한 가장 유력한 증거
가 바로 『유마경』이기도 합니다. 구마라집(鳩摩羅什)이 『유마
경』을 한문으로 옮긴 『유마힐소설경』(維摩詰所說經)에는 조금
뒤에 나올 보적(寶積)이라는 인물과 『유마경』의 주인공인 유마

거사에 대한 소개가 간단히 '장자(長者)의 아들 보적', '유마힐 이라는 장자'로 되어 있습니다. 그런데 현장(玄奘) 스님이 『설무구칭경』(說無垢稱經)이라는 제목으로 번역한 판본에서는 보적(寶積) ──현장 역에는 보성(寶性)으로 되어 있음── 과 유마거사에 대해 다르게 소개하고 있습니다. "리차비족 중에 보적이라는 보살이 있었다", "이때 광엄성[비야리성]에는 대보살이 있었는데, 리차비족이었고 이름은 유마힐이었다"라고 보적과 유마거사에게 '보살'이라는 칭호를 쓰고 있지요. 앞의 이야기와 연관지어 보면 그 의미가 분명해지겠죠?

보살을 바라보는 이런 관점에는 매우 중요한 의미가 담겨 있습니다. 바로 여러분이 보살이 될 수 있기 때문입니다. 대승의 정신에 투철해 대승의 길을 걷기로 마음먹는 그 순간, 여러분들은 바로 보살입니다. 우리가 신앙의 대상으로 삼는 보살님들, 아득히 먼 존재가 아니란 얘기지요. 부처님 가르침의 올바른 뜻을 실현하려는, 대승운동의 동지란 말입니다.

『유마경』 이야기를 시작하는 이 마당에 독자 여러분도 당시 부처님 회상에 모였던 3만 2천 명의 보살 중에 한 명이 된다는 마음으로 이야기에 참여해 주십사 부탁드리고자 장황한 이야기를 한 것입니다. 『유마경』은 대승불교운동이 일어나던 초창기 경전이고, 대승의 근본정신이 가장 뚜렷하게 드러나는 경전입니다. 이 경전을 읽으면서 대승의 근본을 알아 가는 당신은 바로 '보살'입니다.

5백 개의 양산을 하나의 양산으로

장자의 아들 보적보살이 5백 명의 청년들과 함께 바친 칠보 양산, 그것을 하나로 합친 부처님, 하나가 된 양산 속에 펼쳐지는 드넓은 세계의 신묘한 모습. 보적보살은 이 장면을 보고 찬탄의 게송으로 표현합니다.『유마경』무대의 첫 장면답게 찬란하고도 장엄한 전개네요. 우선 저의 깜냥대로 이 전개 속에 담긴 의미를 헤아려 보겠습니다.

부처님에 대한 믿음을 가지고 5백 명의 청년이 왔지만 그들의 마음은 제각각일 것입니다. 그것은 5백 개의 보배 양산이 각각인 것과 같지요. 부처님은 그 양산을 하나로 합쳤네요. 그리고 그 양산 속에 찬란한 세상을 나투셨지요. 이 상황은 그들 각각의 작은 마음들을 하나의 커다란 마음으로 묶으시는 부처님의 모습입니다.

여러분들도 그런 체험을 해보신 적이 있을 겁니다. 한 위대한 인격이 있음으로써 그 아래 모든 대중들의 마음이 하나로 모아지는 경우 말입니다. 그런 경우 단지 하나가 되는 것에 그치지 않아요. 그 위대한 인격의 이끌림으로 인해 자그마한 개인의 마음이 크나큰 한마음으로 승화되어 빛나는 모습을 보게 됩니다. 부처님은 그런 위대한 인격 가운데서도 가장 위대한 분이고, 세상에서 가장 높으신 분이지요. 그 분의 크나큰 인격이 보적장자를 비롯한 리차비족 청년 5백 명의 마음을 하나로 결집시킨 겁니다. 개개인의 마음을 온 누리와 함께하는 커다란 빛으로 승화시킨 거지요.

우리가 부처님을 믿는다는 것은 바로 이런 위대한 신통과 함께하는 것입니다. 우리의 작은 마음들이 부처님의 드넓은 품 속에서 찬란한 빛으로 뭉쳐져 온 누리를 뒤덮는 것입니다. 우리들의 기도가 이렇게 커다란 인드라망의 세계로 이어지는 체험을 해보셨나요? 많은 분들이 고개를 끄덕이고 계시리라 믿습니다. 그렇지 못한 분들은 이제라도 『유마경』의 세계 속에서 그런 체험을 하실 수 있을 것입니다.

눈물겹도록 환희에 찬 보적보살의 찬탄. 이 찬탄은 『유마경』을 이끌어 가는 마중물이 됩니다. 보적보살이라는 한 개인의 조그만 찬탄이 크나큰 부처님의 가피를 통해 위대한 설법으로 되돌아 나오는 것이지요. 한 스승께서는 보적장자의 찬탄으로 말미암아 부처님께서 큰 설법을 펼치신 것을 빗대 "미꾸

라지로 용을 낚는구나!"라고 해학적 표현을 하셨지만, 작을망정 진정 어린 찬탄은 이와 같이 무량한 법문을 이끌어 내는 소중한 마중물이 됩니다. 그러니 우리들도 찬탄합시다. 부처님의 크신 위신력을 찬탄합시다. 그 찬탄으로 우리들의 작은 마음이 온 누리를 찬란하게 장엄하는 커다란 빛으로 승화하는 감격을 맛볼 수 있을 테니까요.

마음이 깨끗해야 불국토가 깨끗하다?

불국토의 청정함에 대한 사리불의 의문 또한 부처님의 위없는 가르침을 이끌어 내는 마중물입니다. 『유마경』에서 부처님의 십대제자, 특히 사리불은 여러 번 어리석은 생각이나 질문으로 한 방망이씩 맞는 역할을 하지요. 지혜제일 사리불이 지혜는 어디에 팽개치고 이런 역할을 하는지 이상할 정도인데요. 그것은 『유마경』의 설정일 뿐이라고 생각해요. 그러니 부처님의 십대제자가 그렇게 어리석다고 생각하지는 맙시다. 본디 대승이라는 것이 출가자 중심의 불교를 벗어나 모든 재가불자의 삶을 포괄하려는 성격을 띠고 있기 때문에 출가자들의 대표격이라 할 수 있는 십대제자, 그중 지혜제일 사리불 존자를 못난이 역할로 삼은 것이라 봐야 할 거예요.

아무튼 사리불은 앞에 요약한 대로 부처님의 국토, 즉 우리가 살고 있는 세상이 더럽다고 생각했고, 부처님의 보살 시절을 의심합니다. 그 생각을 읽은 부처님의 대답은 "네 마음이 문제란다"였습니다. 깨끗한 것을 보지 못하는 건 네 마음이 깨끗하지 못하기 때문이란 말이겠지요?

그렇다고 "그래! 내 마음이 문제인 거야! 내 마음만 깨끗해지면 돼", 이렇게 성급하게 고개를 끄덕이지는 맙시다. 우리가 『유마경』을 읽어 갈 때 느낌표[!]를 붙이기 전에 항상 한 번씩은 물음표[?]를 붙이도록 합시다. 물음표를 통해 더욱 단단하게 다져진 앎이 나올 것이라 생각하기 때문입니다. "내 마음이 문제야!" 하고 느낌표를 붙이면 무슨 문제가 있느냐고요? 정말 심각한 문제가 나올 수 있어요. "세상이 아무리 더러워 보여도 결국 마음에 달렸어. 더러움이란 없는 거야!" 하고 결론을 내리면 어떻게 될까요? 세상을 맑고 향기롭게 장엄하는 우리의 실천, 즉 불국토 건설은 완전히 실종되지 않겠습니까? '마음에 달렸는데 뭘 장엄하고 무얼 건설해? 그냥 청정하고 장엄한 불국토인데.' 이렇게 모든 것을 마음에 몰아 놓고 어떤 실천도 하지 않는 '마음타령 병'이 생길 수 있는 겁니다.

이 병은 생각보다 무서운 병입니다. 불자들이 자칫 걸리기 쉬운 병이기도 합니다. 한 번 걸리면 약이 없어요. 코로나19 보다 무서운 전염력도 가지고 있습니다. '마음에 달렸다'라는 말은 참으로 멋지게 들리거든요. 그 멋에 취해 느낌표 붙이고 무심코 끄덕이다 보면 '마음타령 병'에 전염되고 마는 것이지요.

불국토의 청정함을 확인하는 일은 우리가 실천해야 할 이상세계의 온전한 가능성을 보는 것입니다. 부정적인 관점에서 시작하면 절대 이룰 수 없는 일이지요. "이 세계는 더럽다!"라는 생각은 부정적인 관점이고, 그런 부정적인 관점으로는 절대 온전한 이상에 도달하지 못합니다. 본래의 청정함, 그것을 온전히 회복시키는 것이 우리의 실천이고 수행입니다. 이것은 우리가 '본디 부처'라는 관점에 확고하게 서서 부처가 되는 길을 걸어가는 과정과 같습니다. "나는 깨닫지 못한 중생이야!" 하고 못을 콱 박아 놓으면 절대 깨달을 수 없어요. 본디 부처임을 확고하게 믿고, 그것을 바탕으로 중생의 모습을 벗어 나가야 하는 것이지요. 부처님 나라도 똑같습니다. 본디 청정한 부처님의 나라, 그 본래 모습을 온전하게 실현하는 것이 바로 불국토 건설인 것입니다.

조선왕조 태조 이성계와 무학대사의 이야기가 생각납니다. 서로 농(弄)을 하기로 하고 이성계가 "대사는 꼭 돼지 같소"

하고 말했더니, 무학대사가 "임금님은 꼭 부처님 같습니다"라고 말했다지요? 그래서 이성계가 "에이, 농담하기로 해놓고 그렇게 점잖은 말을…"이라고 했더니 무학대사가 곧바로 "부처님 눈에는 부처님만 보이고, 돼지 눈에는 돼지만 보이는 법이지요"라고 했다는 이야깁니다. 앞서 불국토의 청정함에 대한 사리불의 의문도 같은 맥락의 이야기입니다. 모든 사람을 부처님처럼 보는 확고한 긍정은 신행(信行)의 출발점이지요. 그냥 부처님처럼 보는 데 머물러도 안 됩니다. 확고한 긍정을 바탕으로 모든 이들을 부처님으로 대접하고 그렇게 만들어 가려는 실천, 이것이 바로 불자의 수행이며 실천일 것입니다.

부처님께서 발가락으로 대지를 꾸욱 누르며 보인 신통력을 통해 드러난 삼천대천세계는 헤아릴 수 없는 수십만의 묘한 보배로 장엄된 세계였습니다. 그리고 사리불은 모든 대중들이 보배 연좌에 앉아 있는 것을 발견합니다. 세상만 청정한 것이 아니라, 그곳에 살고 있는 존재인 우리 모두가 고귀한 존재로 드러나는 대목입니다. 보배로운 연좌에 앉아 있는 귀한 몸이지요. 그러한 완전성에 대한 확고한 앎을 바탕으로 우리는 출발합니다. 『유마경』은 이렇게 완전한 세상과 개인을 바탕으로 그것을 실현하는 대승의 길을 드러내는 경전입니다.

2장

유마거사가 방편으로
병을 앓는다

방편품(方便品)

방편품의 주요 내용

그 당시 바이살리 성에

유마힐이라는 대보살이 살고 있었다.

큰 깨달음을 성취하였고, 온갖 신통과 위의를 갖추었다.

세간의 삶을 꾸려 가면서도 출세간의 마음을 잃지 않았고,

출세간의 마음에 치우쳐 세간의 삶을 소홀히 하지도 않으며

모든 방편을 자유롭게 쓰시는 위대한 보살이었네.

그 오묘한 방편을 말해 볼까나?

속인의 흰 옷을 입었지만

출가 사문의 위의와 공덕을 갖추었고….

장기, 바둑 같은 오락을 함께 즐겼지만

그것을 좋아하는 이들을 성숙시키기 위한 것이었으며….

욕망의 사악함을 보여 주기 위해 음란한 곳에도 들어갔으며….

훌륭한 덕성과 실천으로 사회의 존경받는 어른이 되었고

모든 중생들에게 이익을 주는 교화를 베풀었다.

이 유마거사가 중생들을 교화하기 위해

병을 앓는다. 방편의 병을….

국왕과 대신을 비롯하여 수많은 사람들이 문병을 오자

그들에게 이 몸이 정말 덧없고

의지할 것이 못 된다는 것을 깨우쳐 준다.

그러한 덧없는 몸과 달리

여래의 몸을 추구해야 한다는 것을 말해 준다.

여래의 몸은 훌륭한 수행의 결과로 얻어진 것이니

참다운 것이요, 뛰어난 것이고,

우리가 참으로 추구해야 할 것이라.

한갓 물질적인 몸에 매달리는 중생들의 집착을 부수는

훌륭한 방편을 굴리시네

문병하러 온 이들 모두

아뇩다라삼먁삼보리의 마음을 일으키네.

유마거사는 어떤 분인가?

자! 이제 우리가 읽어 나갈 『유마경』의 주인공이라 할 유마거사가 등장하는 대목입니다. 보통 우리가 극적인 등장을 묘사할 때, "짜잔!" 하는 표현을 쓰지요? 지금 유마거사가 "짜잔!" 하시는 대목이라는 말입니다. 그리고 극적인 구성을 갖춘 『유마경』답게 그 등장을 아주 멋있게 처리하고 있습니다. 그 시작은 유마거사에 대한 찬탄입니다. 그 찬탄 가운데 몇 가지를 뽑아서 유마거사의 특징을 드러내 보도록 하지요. 우선 유마거사는 높은 경지에 오른 수행으로 마군(魔軍)의 항복을 받았고, 신통이 자재하였으며, 법을 능숙하게 설하였고…. 그래서 모든 부처님께서도 그를 칭찬하고, 모든 신들이 공경하는 존재였습니다. 그는 중생을 제도하기 위해 바이샬리 성에 재가자로 살았는데, 재가자로 있으면서도 세간의 일에 집착하지 않았다네요. 그러면서도 또한 출세간의 마음에 매달려 세간의 일을 무시하지도 않았구요. 이른바 중도의 도리를 지켰다 할까요? 그것을 묘사한 표현 몇 개를 들어 보지요. "가정을 꾸렸지만 삼계에 집착하지 않고, … 처자 권속을 가졌으나 항상 멀리 떠남을 즐겼으며, … 장기나 바둑 같은 오락을 하였으나 그것으로 사람을 제도하였으며, 세간의 여러 책들에 대해 밝게 알았으나 항상 불법을

유마거사(둔황 막고굴 벽화).

즐겼다." 더 나아가서는 "창가(娼家)와 같은 음란한 곳에 가서는 욕망에서 오는 허물을 보여 주었고, 술집에 들어가서도 바른 뜻을 세울 수 있었다"고 하는 표현까지 나오네요. 요약하면 유마거사의 활동 무대는 우리 삶의 전 영역입니다. 어떤 곳도 더럽다 하여 피하지 않고, 어떤 곳도 불법과 맞지 않는다 하여 제쳐 놓지도 않아요. 그러면서도 언제나 불법을 바탕으로 하고, 청정한 수행과 중생 교화라는 근본 위에서 그러한 일들을 영위해 가는 겁니다. 이러한 삶의 모습에서 우리는 세간과 출세간이라는, 불교의 바탕에 놓여 있는 근본 문제에 대한 통찰을 얻을 수 있습니다.

세간과 출세간의 문제

불교는 자이나교와 더불어 인도 사상의 흐름에서 출세간적인 성향을 띠는 대표적인 종교입니다. 무슨 이야기냐구요? 인도 사상사의 큰 흐름과 관계된 이야기인데요. 인도의 사상과 종교는 거의 모두 해탈(解脫)이라 하는, 요즈음의 말로 하자면 궁극적 대자유를 지향합니다. 그런데 그 해탈을 지향해 가는 방식에 큰 갈래가 있지요. 우선은 정통이라 부르는 흐름이 있어요.

즉 고대의 4베다를 뿌리로 하여 지금의 힌두교에 이르는 흐름이지요. 이 흐름은 세간적인 것을 포용하면서 차츰차츰 해탈을 지향해 갑니다. 인도의 바라문들은 삶을 네 시기로 나누어 살아간다고 하지요. 어린 시절은 규범과 진리에 대해 배웁니다[학습기學習期 또는 범행기梵行期]. 그다음은 결혼을 하여 자손을 두고, 집안을 일구고 조상의 제사를 받듭니다[가주기家住期]. 그다음엔 그런 세간적인 일에서 물러나 조용히 숲에 머물면서 청정한 삶을 살아가고[임처기林棲期], 마지막은 한 곳에 머무는 것조차 넘어서서 세상을 떠돌면서 궁극적 해탈을 찾는 수행을 합니다[유행기遊行期]. 오로지 세속적인 것에만 매몰되어 있고, 또 늙어서까지 가정과 자녀에 매달려 사는 우리의 삶을 되돌아보게 하지요? 그런데 마지막에 궁극적 해탈을 위한 삶이 놓여져 있다 하더라도 그 이전의 삶은 세간의 삶을 영위하는 것이고, 그 또한 매우 중요하게 여겨졌습니다. 그러하기에 정통이라는 흐름은 점진적인 해탈의 이상을 제시한다고 볼 수 있습니다.

그런데 이런 정통의 흐름과는 전혀 다른 종교와 사상이 등장해요. 지금 인도의 주류 종교인 힌두교와의 관계에서 비정통이라고 부르는데, 불교와 자이나교가 그것이지요. 부처님의 생애를 보세요. 젊은 시절에 삶의 근본문제를 정면으로 마주하고 왕자라는 신분을 팽개치고 출가를 결행하잖아요? 불교에서는 찬탄해 마지않는 큰 결단이지만, 어떤 측면에서는 세속적 의무를 팽개친 무책임한 도피라고도 할 수 있지 않겠어요? '바로 지금!' 삶의 본질을 정면으로 마주보고, 온 삶을 바쳐서 궁극적 해탈을 위한 길을 걸어가야 한다는 것이 부처님의 출가를 표현하는 말일 것입니다. 그리고 그것은 출가승단이 중심이 되는 불교가 가지는 근본적 성향이라고 할 수 있지요. 그리고 자이나교는 이런 측면, 즉 바로 해탈 추구에 나서는 점에 있어서 불교보다도 오히려 더 급진적이라 할 수 있습니다.

정통이라는 흐름과 불교와 자이나교가 대표하는 흐름은 각각 장단점이 있습니다. 여러분들의 눈에도 그것은 쉽게 보일 거예요. 여기서는 자세히 다루지 않고, 불교가 가진 문제를 살펴보기로 하지요. "바로 지금, 여기서!" 삶의 근본 문제에 도전하여 깨달음을 이루어야 한다는 이상은 참으로 강력한 힘을 지니고 있습니다. "이 근본 문제를 제쳐두고 안일한 삶을 살아가고 있느냐? 하루하루 죽어 가는 삶을 언제까지 태평하게 누리려는 거냐!" 하는 엄한 질타가 있지요. 그런데 문제는 그렇다고 하여 우리 모두가 현실의 삶을 다 때려치우고 궁극적 깨달음에 몰두하는 삶으로 전환할 수는 없다는 거지요. 그렇게 되면 인류 멸종이라는 비극이 바로 닥치지 않을까 싶습니다. 이 문제를 좀 더 드러내기 위해 약간 도발적인 질문들을 던져 보지요.

우리 세속적인 삶은 하잘것없고 가치 없는 것이지만, 정말 어쩔 수가 없어서 울며 겨자 먹듯이 살아 나가는 것이요, 언제나 궁극적인 목표는 완전한 해탈에 두고 있어야 하는 것인가요? 아니면 궁극적인 해탈이라든가 깨달음이라는 것은 이 삶과 그렇게 배치되는 것이 아니고, 오히려 이 삶을 더 온전하게 하기 위하여 필요한 것인가요? 또 우리 일상적인 삶 속에서 궁극적인 깨달음을 추구하는 길은 아예 없는 것인가요? 꼭 모든 것을 버리고 출가라는 형식을 빌려야만 궁극적인 해탈에 도달할 수 있는 것인가요?

물음표가 몇 개나 찍혔는지 한번 세어 봐야겠군요. 아무튼 이렇게 많은 물음표가 필요할 정도로 세간과 출세간의 문제는 간단치 않아요. 그리고 『유마경』은 이 문제에 대한 중도적인 답을 주는 경전이라는 것이 제 생각입니다. 그러니 이런 물음표를 마음에 간직하고 『유마경』을 읽어 나가다 보면 각각 나름대로의 답을 얻을 수 있지 않을까 생각하는데요. 일단 저의 생각을 살짝 말씀드려 볼까요? 『유마경』에서는 우리 삶을 그렇게 부질없는 것으로 보지 않아요. 출가의 삶을 지향하는 과정에 피치 못하게 거치는 군더더기로 보지도 않지요. 오히려 이 삶의 현장이야말로 우리가 깨달음을 성취하기 위한 근본 무대라고 생각합니다. 앞으로 나올 이야기를 잠시 당겨서 말해 볼까요? 보통 "연꽃은 진흙에서 피어나지만, 진흙에 물들지 않는다"라고 말하지요? 그런데 『유마경』은 다릅니다. "연꽃은 진흙에서만 피어난다!"입니다. 잘 음미해 보세요. 굉장히 달라요. 우리 삶이야말로 깨달음의 꽃이 피어나는 바탕이라는 생각이 『유마경』의 입장이거든요. 우리 삶에 대한 커다란 긍정이 『유마경』에는 깔려 있어요. 그런 『유마경』이 우리 삶을 부질없는 것으로, 가치 없는 것으로, 군더더기로 여길 리가 없지요. 그렇다고 하여 성급하게 어떤 결론을 내리려고는 하지 말고, 차분하게 해탈을 향해 가는 길에 우리의 삶은 어떤 의미를 지니는가를 생각하면서 『유마경』을 읽어 나가기로 하자구요.

그런 마음으로 한 걸음 더 나가 볼까요? 묘사한 대로 엄청나게 훌륭한 유마거사는 사회적으로도 큰 역할을 하며, 큰 존경을 받지요. 어느 곳에 가더라도 어른으로서 그들을 이끌었고, 모든 신들까지도 어른으로 존경하는 높은 위상을 지녔구요. 그런 그가 중생을 교화하는 방편으로 병에 걸린 모습을 보입니다. 몸의 병을 방편으로 중생을 깨우치려는 것이지요. 무엇을 깨우치느냐구요? 바로 몸이라는 것이 덧없고, 의지할 만하지 못하다는 것을 깨닫게 하는 것이지요.

몸은 더러운 것인가?

자, 여기서 우리가 생각해 봐야 할 중요한 하나의 주제가 나옵니다. 바로 '몸'이지요. 이 몸이라는 것을 어찌 보아야 할까 하는 문제입니다. 우선 유마거사의 몸에 대한 표현을 들어 볼까요? 사대(四大)가 합해 이루어진 이 몸은 무상한 것이요, 오래 간직할 수 없는 것이며, 고통과 괴로움의 병주머니며…, 번뇌와 갈애로부터 생겨난 아지랑이 같은 것이며…, 허깨비 같은 것이며…, 깨끗하지 않아 더럽고 추악한 것이 가득 차 있으며…, 기타 등등, 기타 등등. 더 들어 볼 필요가 있을까요? 정말로 몸을 부정하는 말의 향연이지요. 그런데 여러분들은 이런 말을 들으면서 무슨 생각이 드시나요? 요즘의 세태와는 너무 동떨어진, 정말로 아득한 딴 나라의 말 같지 않은가요?

우리의 현실, 몸이 전부 아닌가요? 온갖 건강법이 난무하고, 모든 예뻐지는 방법이 총출동하고, 정력에 좋다면 뭐든지 하는…. 그래도 부처님 법이 있어서 그런지 힐링이라든가, 명상이라는 것이 조금씩 사회적인 유행으로 떠오르고는 있지만, 그 흐름은 아직도 미미하기 짝이 없지요. 말로는 "마음이 중요하지!" 하면서 정작 마음에는 얼마나 신경을 쓰고 있는지 한번 되돌아보면, 참으로 참혹하기 짝이 없어요. 그런데 그런 것은 예나 지금이나 다름이 없었다고 생각되네요. 유마거사께서 위에서 말한 대로 그렇게 혹독하게 몸의 덧없고 가치 없음을 말씀하신 이유가 바로 거기에 있지 않을까요? 그런 유마거사의 말씀에 정말 감동해서 느낌표 팍팍 찍으시는 분들 계시겠지만, 잠깐! 저는 여기서도 물음표 한번 찍어 보겠습니다.

몸이란 무엇일까요? 몸일 뿐이지요. 무슨 싱거운 소리를 하느냐 물으신다면, 저는 싱거운 이 말이 정답이라고, 다시 싱거운 소리를 할 수밖에 없습니다. 불교의 근본 입장은 무엇일까요? 여러 가지가 있겠지만 저는 그 가운데 '있는 그대로!'가 불교의 가장 중요한 근본 시각이라고 생각해요. 몸은 몸일 뿐이지요. 유마거사께서 말씀하신 대로 덧없는 것, 의지할 바가 못 되는 것, 그것은 사실입니다. 그런데 거기서 한 걸음 더 나가서 더러운 것이고, 추악한 것으로 가득 차 있다는 표현은 '있는 그대로!'를 넘어서는 표현이에요. 느낌과 감정을 자극하여 부정적인 마음을 일으키는 말이거든요. 부정적인 마음을 일으켜서 보는 것, 그것은 '있는 그대로!'에 어긋납니다. 그런데 그런 표현을 하는 까닭은 무엇일까요? 중생들의 병이 깊기 때문이겠지요. 그러한 표현들은 덧없는 몸에 매달리고, 끊임없는 애착을 일으켜 괴로운 윤회의 바퀴를 돌고 있는 중생들의 깊은 병을 치료하기 위해 베푼 독한 처방이 아닐까 싶습니다. 그 독한 처방을 들으면서 우리가 얼마나 몸에 집착하는가를 반성하고, 우리의 깊은 병을 치료하는 계기로 삼아야 할 것 같습니다.

그렇지만 그렇게 감정적인 표현으로 일으켜진 몸에 대한 견해가 올바른 견해일까요? 왜 몸이 더럽습니까? 그냥 몸일 뿐이지요. 몸에 대한 애착을 끊어 내려는 방편에 걸려 다시 다른 집착을 일으키지 말자는 말씀입니다. 그냥 몸은 몸일 뿐임을 바로 보는 것이 옳다는 말씀이에요. 깊은 병을 치료하기 위한 독한 약을 항상 먹으면 어찌 될까요? 과연 건강해질까요? 그렇지 않아요. 그것이 오히려 더 큰 부작용을 일으킬 수도 있어요. 몸에 대한 부정적인 견해들, 그것은 몸에 대한 집착을 끊는 선에서 멈춰야 합니다. 그 때문에 있는 그대로의 참모습을 보지 못하게 되면 오히려 더 큰 병이 생기지요.

불교 역사에 흑역사로 남아 있는 한 사건이 제 말을 밑받침할 수 있을 것 같아요. 부처님이 몸에 대한 집착을 떨치는 방편으로 부정관(不淨觀)을 가르치셨죠. 여러분도 잘 아실 겁니다. 몸을 온갖 더러운 것으로 가득한 주머니로 보는 관법이죠. 피와 고름의 주머니! 그런데 그 결과 참혹한 일이 일어났습니다. 수십 명의 스님들(적어도 60명 이상)이 부정적이고 염세적인 생각에 빠져 자살하고, 남에게 죽여 주기를 부탁하여 맞아 죽고…. 결국 부처님께서 부정관을 금하시고 수식관을 가르치셨다네요.

『유마경』을 읽는 여러분들도 유마거사의 간곡한 마음에서 나온 말씀에 감사를 느낄지언정 유마거사가 베푸신 독한 처방을 상시복용하는 잘못을 범하지는 않았으면 좋겠어요. 혹시 젊은 분들이 이런 처방에 당하면? 자칫하면 연애도 못 해요. 몸은 몸일 뿐입니다. 그것에 집착하여 많은 문제가 생기기도 하지만, 또 몸이 있기에 좋은 점도 또 얼마나 많습니까? 이런 관점을 가질 때 유마거사도 오히려 크게 기뻐하지 않을까요? "오, 후세의 불자들이 영민하기도 하구나. 내가 던진 문자의 함정에도 걸리지 않고 중도의 눈을 바로 뜨고 있구나!" 이렇게 유마거사의 찬탄을 받을 수 있도록, 푸른 눈 바로 뜨고 『유마경』을 읽어 나가 봅시다.

3장

유마거사 문병은
누가 갈 수 있을까?

제자품(弟子品)

제자품의 주요 내용

유마거사가 생각한다.

"내가 이렇게 방편으로 병을 앓는데

부처님께서 문병하는 이 보내 주시지 않으시나?"

그렇지! 손바닥도 부딪혀야 소리가 나는 법.

부처님께서 유마거사 생각을 아시고

십대제자(十大弟子)에게 차례로 유마거사 문병을 부촉하신다.

"사리불아, 네가 유마거사 문병을 하려무나."

사리불이 아뢴다.

"부처님, 저는 그 임무를 감당하지 못하겠어요.

전에 제가 좌선을 하고 있을 때 유마거사가 와서 말했어요.

'앉는 것만이 좌선이 아닙니다.

멸진정에서 벗어나지 않으면서

일상의 위의를 드러내는 것이 좌선이지요….

열반을 증득했더라도

그 열반에 머물지 않는 것을 좌선이라 해요.'

이렇게 참된 좌선이 무엇인가를 가르쳐 줬는데

저는 한마디도 못했거든요."

"그렇다면 대목건련아, 네가 유마거사 문병을 가지 않겠니?"

"부처님, 저도 감당을 못해요.

전에 제가 바이살리 성에서 거사들에게 법의 요체를 설하는

데…."

"그렇다면 마하가섭아, 네가 유마거사 문병을 가거라."

"부처님, 저도 안 되겠어요.

제가 바이살리 성의 가난한 마을을 돌면서 탁발을 하고 있는

데 유마거사가 와서…. "

[중략]

"아난아, 네가 유마거사 문병을 가야겠구나."

"부처님. 저는 정말 못해요.

전에 부처님이 편찮으셔서 우유를 드셔야 하겠기에

바이살리 성으로 우유 탁발을 갔었거든요.

그런데 유마거사가 와서…."

이렇게 십대제자가 모두

유마거사 문병을 감당하지 못함을 아뢴다.

단순한 문병이 아니다.

유마거사의 큰 방편을 빛나게 드러내는 법의 자리에서

맞수가 되어야 하는 무거운 임무라네.

십대제자는 성문승(聲聞僧)의 대표.

보살(菩薩)을 대표하는 유마거사의 상대가 되지 못함을 인정하네.

대승과 소승의 차별을 드러내는 자리!

십대제자 모두 감당하지 못한다 하니

그렇다면 과연 누가 갈 수 있을까?

있는 그대로 보라!

"몸은 몸일 뿐이다!" 몸은 더러운 것도 깨끗한 것도 아니라는 것이 올바른 견해라는 것은 누가 뭐래도 틀림없는 진실입니다. 그런데 참으로 그렇게 보기 힘든 것도 우리의 현실이지요. 그래서 부처님도 유마거사도 몸에 대한 탐착을 끊기 위한 독한 처방을 내리신 것입니다. 그 간곡하신 마음에서 나온 방편의 의미를 올바르게 이해할 때 참으로 몸을 제대로 보고, 또 제대로 대접할 수 있을 것입니다.

그런데 뭐니 뭐니 해도 우리 몸의 정체를 단박에 알 수 있게 하는 것은 바로 '병'이지요. 몸에 병이 들었을 때 우리는 몸의 정체성을 알게 됩니다. 그리고 그 몸을 어떻게 대해야 할 줄도 알게 됩니다. 병은 어떻게 해서 들게 되지요? 내 몸을 잘못 보고 잘못 대접해서 들게 되는 것 아닐까요? 몸의 욕구에 지나치게 따르게 되면 병이 납니다. 거꾸로 몸의 욕구를 무시해도 병이 납니다. 그러니 참으로 '몸은 몸일 뿐이다!'라는 진실을 바로 알고 그렇게 대접하는 것이 바로 병의 괴로움을 줄이는 길이라 할 수 있지요. 그렇지만 아무리 조심을 해도 몸에 병이 없을 수는 없습니다. 성인들도 병에서 벗어날 수는 없었지요. 공자(孔子)가 병을 앓은 이야기는 『논어』에 여러 번 나옵니다. 부처님도 병 때문에 고생을 하시기도 했지요. 춘다의 공양을 받으시고 매우 심하게 앓으셨다는 것은 잘 알고 계시지요?

아무리 조심하고 아껴도 결국 병이 들고, 그래서 죽어 간다는 사실! 그것이야말로 무상(無常)-덧없음을 가장 선명하게 드러내 줍니다. 그리고 우리는 그 무상함을 똑바로 봐야 하는 거지요. 병의 괴로움에 빠져 허우적거리면서, 거기에 그렇게도 오롯하게 드러나는 그 덧없음에 대해 눈감고 지나가면 안 된다는 겁니다. 똑바로! 눈을 환하게 뜨고! 봐야 합니다.

그런데 덧없음을 본다는 것과 덧없음에 감정적으로 빠지는 것을 혼동해서는 안 됩니다. 감정적으로 빠지는 데는 두 가지 유형이 있습니다. 첫번째는 "아, 슬퍼라! 모든 것은 이리도 덧없는 거야!" 하며 비탄 쪽으로 기우는 유형이지요. 다른 하나는 "그 덧없는 것들에 무슨 마음 쓸 것 있나?" 하면서 세상 일을 무시하며 냉소와 무기력으로 기우는 유형입니다. 둘 다 옳지 않습니다. 똑바로 보는 것이 중요할 뿐입니다. 그 덧없는 것들에 매달리던 덧없는 삶을 벗어나되, 한편으론 그 세계를 버리지 않고 끊임없는 불세계 건설의 실천을 일으켜 나가야 합니다. 덧없음을 바로 보는 것은 다른 측면에서 말하자면 지혜와 자비의 길로 첫걸음을 떼어 놓는 것이 됩니다. 「무상게」(無常偈)를 아시지요? "덧없음을 아는 것이 열반에 들어가는 문이요, 고해를 건너는 배이니라!" 그러니 우리는 "몸은 몸일 뿐이다!"에 덧붙여, 다시 "덧없음은 본디 덧없음일 뿐이다!"라고 보는 중도불이(中道不二)의 푸른 눈을 뜨고 앞으로 나갑니다. 덧없음에 괜히 슬픈 느낌 칠하거나 허무감에 빠져 허우적거리지 마세요.

네가 문병을 가지 않을래?

자! 그런데 그 덧없음 속에서 유마거사는 크게 방편을 펼치려 합니다. 바로 덧없음을 드러내는 몸의 병을 통해서. 그리곤 생각을 하죠. '내가 이렇게 방편을 펼치려 하는데 부처님께서는 어찌 문병하는 사람도 보내 주시지 않는가?' 그러자 부처님께서 유마거사의 생각을 아시곤 사리불에게 말씀하십니다. "그대가 유마힐을 찾아보고 문병하여라."

　　손바닥도 부딪혀야 소리가 나죠? 유마거사가 몸의 덧없음을 보이는 방편을 크게 펼쳤습니다. 그런데 그냥 거기서 끝나면 좀 싱겁잖습니까? 이것을 계기로 큰 법의 무대를 펼쳐 보고 싶으신 겁니다. 부처님께서 문병의 사절로 눈 밝은 이를 보내시면 그 눈 밝은 이와 더불어 위대한 진리를 논하는 찬란한 무대를 펼쳐 보고 싶은 거죠. "유마거사의 이런 속내를 아시고 부처님은 싱긋이 웃으셨습니다"라는 말이 『유마경』에 나올 듯하죠? 나오지는 않습니다만 정말 그러셨을 것 같습니다. 그러곤 앞에서 이야기한 대로 우선 지혜제일 사리불에게 부촉을 하십니다. "그대가 유마힐을 찾아보고 문병하여라."

여기서 한번 다시 짚고 넘어가기로 하죠. 『유마경』 이야기를 시작할 때 『유마경』 자체가 엄청난 규모의 연극과 같다고 말씀드렸었지요. 그 『유마경』이라는 무대에서 십대제자는 '소승'을 대표하는 배역입니다. 유마거사는 바로 대승의 올바른 견해를 드러내는 배역이고요. 그 큰 무대 가운데서도 가장 중심이 되는 무대가 바로 유마거사의 방에서 벌어지게 되는데, 십대제자는 그 중심배역이 되지 못합니다. 초반에 등장하여 유마거사의 위대성을 드러내고 또 대승불교를 빛나게 하기 위해 '못난이 소승불교'를 연기하는 배역인 것이지요. 그렇게 유마거사를 뚜렷하게 드러낸 다음, 유마거사와 문수사리보살이 대승의 진리를 설파하는 것이 『유마경』이라는 전체 무대의 진행 방식입니다. 그래서 사리불을 비롯한 부처님의 십대제자가 차례로 "그 어른은 도저히 제가 상대 못 해요" 하며 머리를 절레절레 흔듭니다. 그러면서 구체적으로 유마거사한테 당한(?) 이야기를 풀어놓습니다. 그런데 그 이야기 속에 대승의 본질, 아니 불교의 본질적인 가르침이 구름 사이의 번개처럼 번득입니다. 대승운동이 왜 일어났는지를 보여 주는 정말로 생생하고도 소중한 이야기들을 듣게 됩니다. 그 이야기들을 조심스럽게 살펴보고 가야 하겠지요?

그렇지만 그 이야기들 속에 나오는 깊은 진리는 제 깜냥으로선 도저히 말할 자신이 없네요. 제가 할 수 있는 것은 그 이야기들의 가장 기본적인 틀을 추려 요약해 보고, 그것들이 그 당시 불교의 어떤 문제점들을 짚고 있는지, 그것이 대승운동의 지향과 어떤 관계가 있는지를 드러내는 정도겠습니다.

좌선에 들어앉지 말라!

우선 사리불의 이야기부터 들어 보기로 하지요. 사리불이 큰 숲의 나무 아래서 좌선을 하고 있는데 유마거사가 와서 좌선에 대해 말합니다. 그 요체는 다음과 같습니다.

멸진정에서 나오지 않고 일상의 행동을 나타내는 것이 좌선이다. 성인의 깨달은 경지를 버리지 않으면서도 범부의 모든 성품을 드러내는 것이 좌선이다…. 열반을 증득했더라도 거기에 머물지 않는 것이 좌선이다.

이 사리불과의 이야기는 다른 여러 제자와의 이야기에 비해 매우 짧습니다. 그러면서도 그 속에 앞으로 나올 이야기들의 가장 기본적인 구조가 잘 드러나 있지요. 유마거사의 이야기는 두 부분으로 나누어져 있습니다. 각 문장의 앞 구절은 '멸진정', '성인의 깨달은 경지', '열반'을 말하지요. 뒤 구절에서는 '일상의 행동', '범부의 모든 성품', '열반에 머물지 않음' 등이 나옵니다. 이 구조를 간단히 줄여서 말해 볼까요? 앞의 이야기에 머무는 것이 바로 소승적인 지향입니다. 그것을 바탕으로 하면서도 뒤의 이야기, 다른 표현으로 하면 우리의 일상적인 삶이랄까요? 그것을 버리지 않는 것이 바로 대승의 지향입니다.

물론 여기서 소승, 대승이라는 것은 지금에 와서는 그렇게 말해질 수가 없습니다. 남방을 통해 동남아시아 등에 전해진 것은 소승이고, 북쪽으로 하여 중국, 한국, 일본에 전해진 것은 대승이라고 말하는 것은 소위 대승불교를 표방한 쪽에서 하는 이야기일 뿐입니다. 지금 중국, 한국, 일본의 불교가 진정한 의미에서 대승적이라고 말할 수는 없습니다. 그리고 남방불교라고 말해지는 것이 소승적이라고 말할 수도 없고요. 지금 『유마경』에서 말하는 소승과 대승이라는 표현은 조금 다릅니다. 승려들을 중심으로 하면서 아라한과를 얻는 것을 지고의 목표로 하는 불교는 무언가 부처님의 참 가르침을 벗어났다고 보면서, 그것을 혁신하여 부처님의 참뜻을 실현하는 것을 대승이라고 한 것이지요. 한마디로 말해 부처님의 참 가르침을 실현하려는 것이 대승운동입니다. 그런 대승의 의미로 말한다면 지금 여기서도 부처님 가르침의 의미를 참되게 실현하기 위한 움직임은 대승운동이 되겠지요. 현실의 불교가 부처님의 가르침을 왜곡하고 있다면 그것이 바로 소승인 것이고요.

자 그럼 여러분께 묻겠습니다. 지금 여기의 불교는 부처님 가르침의 참뜻을 제대로 실현하고 있다고 생각되십니까? 물론 완전하게 다 실현한 경우는 없었겠지요. 그러니까 좀 속되게 묻겠습니다. 오늘 여기의 불교에 점수를 매긴다면 몇 점 주시겠어요? 저보고 매겨 보라 하시면…, 제 기준이 좀 짠지는 모르겠지만 제가 오늘 여기의 불교에 매기는 점수는 낙제점입니다. 그런 점수를 매기는 저도 말만 앞서고 실천은 못 따르는 낙제 불자라고 생각합니다만, 백번을 물러서도 오늘 우리의 불교는 참으로 부처님 뵙기 부끄러운 점들이 너무 많습니다. 그런 이야기들은 앞으로 『유마경』을 이야기하면서 정말 진진하게 할 참이니까 여기서는 이렇게 운만 띄워 두지요. 『유마경』은 당시 불교의 잘못된 점을 가장 날카롭게 비판하면서 대승의 관점을 가장 뚜렷하게 드러낸 경전이거든요. 그 『유마경』의 비판이 오늘의 불교가 가진 문제점들을 어찌도 그렇게 날카롭게 찌르는지, 시공을 초월한 지혜의 눈에 전율을 느끼게 될 겁니다.

원래 이야기로 돌아가 보지요. 대승이라는 것이 꼭 정해진 것이 아니고, 참다운 불교를 일으키는 것이라고 하더라도, 그것이 대승, 즉 '큰 탈것'이라는 이름이 붙은 이유, 거기서도 '크다'라는 형용사가 붙은 까닭이 있습니다. 당시 소승이라 불리던 불교는 앞에서 본 대로 우리 삶의 세계를 밖으로 내돌린 듯한 혐의가 있거든요. '깨달음 지상주의'라고 할까요? 아라한이라는 말의 뜻이 무엇인가요? 다시 이 윤회의 세계로 오지 않는다는 의미를 지닙니다. 문자 그대로 해석해서는 안 되겠지만, 아무리 보아도 이 세상을 팽개치는 듯하지 않습니까? 스님들의 삶이야 어쩔지 몰라도 우리 대부분의 인생은 참으로 고달픈 욕망의 부대낌 속을 살아갈 수밖에 없습니다. 그것을 단번에 가치 없는 것으로 쳐 버리는 듯한 느낌! 앞에서 세간과 출세간의 문제를 살펴볼 때, 우리의 현실적인 삶이 어떤 의미를 가지는가 여러 각도에서 살펴봤지요? 『유마경』에서 소승이라 하는 것은 바로 그때 보았던 출세간 지상주의를 보는 것 같습니다. 그렇게 해서 버려진 우리의 세간적인 삶, 그 세간적인 삶을

살아갈 수밖에 없는 수많은 이들을 모두 거두는 것이 바로 대
승입니다. 그래서 '크다'라는 형용사가 붙는 것입니다.

　　어떤 지향을 갖느냐는 곧바로 수행의 방식을 결정합니다.
유마거사의 비판은 곧 소승 쪽의 잘못된 지향에서 나온 잘못된
수행방식에 대한 비판입니다. "좌선이라는 것은 우리 삶을 팽
개치는 것이 아니다! 좌선 자체에 들어앉지 말라!"는 것이 요
지이지요. 이리 살피고 저리 살펴도 답은 하나입니다. 우리 삶
의 현장을 치열하게 살아가면서도 그것에 집착하지 않는 대자
유의 마음을 지니는 것, 그것이 바로 좌선이라고 갈파하는 것
입니다.

정혜쌍수 : 불교 수행의 대강령

여기서 불교 수행의 핵심을 한번 드러내 보기로 하지요.

　　불교 수행의 요체이며 핵심은 고요함과 깨어 있음이 함께
하는 것입니다. 이것을 어려운 말로는 "정(定)과 혜(慧)를 함께
닦는다"(정혜쌍수定慧雙修)라고 하기도 하고, "지(止)와 관(觀)을
아울러 닦는다"(지관겸수止觀兼修)라고 하기도 하고, "깨어 있음
[惺]과 고요함[寂]을 함께 유지한다"(성적등지惺寂等持)라고 하

기도 하지요. 조금씩의 차이는 있겠지만 핵심은 하나입니다. 그리고 이것이 불교 수행의 대강령입니다. 이것을 벗어나면 불교 수행이 아니라고 말할 수 있다는 것이지요.

　　물론 인도의 요가 수행에서 받아들인 선정(禪定)은 주로 고요함의 측면에 초점이 맞추어져 있지만, 궁극적으로는 깨어 있음으로 열려야만 비로소 불교 수행인 것이지요. 『유마경』에서 말하는 것도 바로 이것입니다. 고요함에 해당하는 것이 '멸진정', '성인의 깨달음', '열반' 등입니다. 거기에 파묻히거나 집착하지 않고 현실적인 삶으로 연결되게 하는 것이 바로 깨어 있음의 측면입니다. 이렇게 현실적인 삶이 수행의 무대가 되는 것이 바로 불교의 수행입니다. 알라라 칼라마, 웃다카 라마풋타라는 걸출한 요가 수행자들에게 선정을 배워, 그들이 추구하는 궁극적 경지까지 닦으셨던 부처님이 왜 그 수행에서 나오셨을까요? 그 궁극의 선정 속에선 괴로움이 없지만, 또한 우리의 생생한 현실적 삶도 없습니다. 부처님은 그 속에서만 행복한 선정을 넘어서 삶의 현장 속에서도 완전한 열반을 이루는 수행이라는, 삶을 살아가는 우리에게는 너무도 복되고도 복된 혁명적 수행의 문을 열어젖히셨습니다. 그런데 후세의 불교는 출가 승려들의 출세간적인 성향과 연결되면서 부처님이 징검다리로 삼으셨던 고요함 위주의 선정에 치우쳤고, 부처님께서 열어

놓으신 참된 불교 수행의 물꼬는 막혀 가고 있었던 것 같네요. 유마거사는 그것을 날카롭게 지적하면서 사리불을 질타합니다. 열반을 증득하되 거기에 머물지 않아야 참된 선정이다!

자, 아무튼 지혜제일이라는 사리불이 물러났습니다. 유마거사 문병사절로 가는 것을 감당할 수 없다는 이유를 구구절절이 대면서요. 그다음 진행이 어떻게 되었는지 대략 아시지요? 부처님께서 성문(聲聞)의 대표 격이라 할 수 있는 십대제자에게 차례로 부촉을 합니다. "그대가 유마힐을 찾아뵙고 문병을 하거라." 그리고 십대제자가 모두 "저는 그 일을 감당할 수 없습니다"라고 하면서 그 연유를 아뢰지요. 그 과정에서 유마거사의 입을 통해 대승의 관점에서 보는 소승의 문제들이 드러납니다. 사리불의 이야기를 통해서 소승의 선정에 대한 비판이 나왔지요? 무척 중요한 이야기이기에 좀 자세히 풀어 봤습니다. 그 탓에 좀 딱딱하고 어려운 이야기가 된 듯합니다. 그런데 이걸 어쩌나요? 이번 한 회에 나머지 십대제자 이야기를 압축 요약하려 하는데요. 정말 제 깜냥으로는 힘든 이야기라서, 제 눈에 보이는 중요한 요점만 잡아서 풀어 보려 합니다.

우선 각 제자가 어떤 때 어떤 내용으로 유마거사에게 질책을 당하거나 가르침을 받는지 간단히 정리해 보고 그 의미를 새겨 보도록 하지요.

신통(神通)제일 마하목건련 (설법 중) 법(法)이란 언어를 넘어섰고 마음과 의식을 넘어섰다. 표현할 길이 없고, 가르칠 수도 배울 수도 없다. 이런 근본에 입각해야만 하며, 모든 중생의 근기에 따라 자재롭게 방편을 세워 말해야 한다.

두타(頭陀)제일 마하가섭 (걸식 중) 삿됨을 버리지 않고 해탈에 들어야 하며, 번뇌에 물들지 않으면서 번뇌에서 벗어나지도 않아야 한다. 생사에 머물지 않으면서 열반에 머물지도 않아야 한다. 음식을 베푸는 사람들은 어떤 과보도 받지 않으며 이익도 없고 손해도 없다고 알아야 한다.

해공(解空)제일 수보리 (걸식 중) 음식의 평등성으로 일체 만법의 평등성에 들어가고 거기서 다시 일체 부처님의 평등성에 들어가야 한다. 무명을 극복하지 않고도 해탈을 이루어야 한다. 그대에게 음식을 보시한 이들이 여전히 삼악도에 떨어지고, 온갖 마구니와 손을 잡고 모든 번뇌를 벗으로 삼으며, 궁극의 열반에 들어가지 않는다면 음식을 먹어도 된다.

설법(說法)제일 부루나 (설법 중) 대중의 지향과 근기를 잘 살펴서 설법해야 한다. 소승을 이야기해선 안 되고 오직 대승을 이

부처님과 십대제자(일본 에도시대에 발간된 『법화자아게회초』[法華自我偈絵抄, 1814]의 삽화).

야기해야 한다.

논의(論議)제일 마하가전연 (분별하여 가르치는 중) 공(空), 무상
(無常), 무아(無我)의 의미를 생멸하고 분별하는 마음으로 이야
기해서는 안 된다. 대승적인 실상법의 견지에서 이야기해야 한
다.

천안(天眼)제일 아나율 (범천왕에게 자신의 천안을 설명하는 중)

진정한 천안의 의미, 고요함을 버리지 않으면서 모든 세상을
본다.

지계(持戒)제일 우바리　(계율을 범한 비구들을 이끄는 중) 일체중
생이 본디 청정함과 모든 법의 성품이 무상하고 비어 있음을
바로 아는 것이 계율을 잘 지키는 것이다.

밀행(密行)제일 라후라　(출가의 공덕과 의미를 설하는 중) 아뇩다
라삼먁삼보리의 마음을 일으켜 올바른 행을 부지런히 닦는 것
이 출가이다.

다문(多聞)제일 아난다　(병이 드신 부처님을 위해 우유를 탁발하던
중) 여래의 몸에는 본디 병이 없다.

　　대개의 경우 제자들은 유마거사에게 힐난을 당하여 깜짝
놀라거나 어찌 응대할지 모르고 쩔쩔매게 됩지요. 그리고 유마
거사의 명쾌한 가르침에 주위에 있던 많은 이들이 큰 깨달음을
얻습니다. 수보리의 경우, 유마거사의 힐난에 얼마나 당황했으
면 걸식을 하던 밥그릇까지 버려 두고 탁발하던 집을 나오려
했을까요? 요즈음의 표현으로 하면 된통 당한다고나 할까요?

이렇게 십대제자들을 꾸짖기까지 하는 유마거사가 매우 거만할 것 같은데 스님들에 대한 예의를 철저히 갖춘다는 것 또한 의미가 있어요. 현장법사의 『유마경』 번역본인 『설무구칭경』(說無垢稱經)에는 분명하게 유마거사가 십대제자를 뵐 때 스님의 발에 절하는 예를 갖추었다고 나옵니다(구마라집 삼장의 번역에는 그 표현이 없습니다마는 그것은 생략과 의역에 과감한 구마라집 삼장의 경향이 반영된 것 아닐까 싶습니다. 물론 저본이 되는 경 자체가 달랐을 수도 있고요). 법에 대한 논의의 당당함과 출가자들에 대한 예경을 다하는 것은 별개의 문제라는 것을 보여 주는 것으로, 큰 의미를 담고 있다고 생각합니다.

　　아무튼 이런 십대제자의 이야기 가운데 공통되면서도 중요한 이야기를 몇 개 뽑아서 이야기를 해보지요. 가장 드러나는 것은 사리불에게 말했던 대승 수행의 근본적인 틀과 일치하는 이야기들입니다. "생사에 머물지 않으면서 열반에도 머물지 않는다"(가섭). "무명을 극복하지 않고도 해탈을 이루어야 한다"(수보리). 이런 예들의 공통적인 것은 출세간과 세간을 아우르는 것, 바로 그 틀이 계속 반복되고 있는 것이지요. 우리 삶의 현장을 버리지 않으면서 궁극적인 해탈을 지향하는 것, 그것이 바로 대승의 지향이라는 것을 드러내 주는 대목입니다. 그리고 이런 대승적인 지향에 입각해야 함을 아주 여러 곳에서 힘주어 말하고 있어요. 이런 대승적인 지향의 가장 중요한 입장은 모든 법은 말을 넘어서 있으며, 말로 표현된 가르침은 방편일 뿐이라는 점입니다. 세계를 설명하는 가르침의 틀, 그것을 보통 법(法)이라고 부르지요. 소승에서는 이 말로 표현된 진리에 세상의 참모습을 그대로 담아낼 수 있다고 봅니다. 과거, 현재, 미래를 관통하는 법(法)이 참으로 있다고 말하는 것이지요. 대승의 출발점은 그러한 소승의 법에 대한 견해를 철저히 부정하는 것입니다.

소승과 대승의 법에 대한 이해의 차이

여러분들이 모두 잘 아시는 『반야심경』을 예로 들어서 말해 볼까요? "그러므로 공(空) 가운데는 색(色)이 없고 수(受)·상(想)·행(行)·식(識)도 없으며, 안(眼)·이(耳)·비(鼻)·설(舌)·신(身)·의(意)도 없고, 색(色)·성(聲)·향(香)·미(味)·촉(觸)·법(法)도 없으며, 눈의 경계에서 의식의 경계까지도 없고…." 여기서 공(空)이라는 것은 참모습[實相]을 말하는 것입니다. 그러니까 법의 참모습을 말하면 이러하다는 표현이니까, '공'이라는 것이 있고 그 속에는 이러한 것들이 없다는 식으로 이해하면 안 됩니다. "참모습은 이러한 것이다"라고 말하는 것이지요. 그런데 안·이·비·설·신·의도 없고, 색·성·향·미·촉·법도 없다는 것은 과연 어떻게 이해되어야 할까요? 정말 눈도 귀도 없다는 말인가요? 그렇게 읽으시면 정말 부처님의 뜻과는 십만팔천 리 떠나게 되는 것이지요. 여기서 부정하는 것은 육근(六根), 십이처(十二處), 십팔계(十八界), 십이연기(十二緣起), 사성제(四聖諦)와 같은 소승의 법 체계라는 것을 알아야 합니다. 소승에서 말하는 그 법의 체계가 문자 그대로의 진리가 아니라고 하는 것이지요. 그것들은 중생을 제도하기 위한 소중한 방편이지만 역시 문자 그대로 진리일 수는 없고, 중생의 근기와 설법 당시의 상황에 맞게 설해진 방편설일 뿐입니다. 『금강경』에서 부처님의 모든 가르침을 '뗏목의 비유'라고 알아야 한다는 말이 있잖아요? 바로 그 말입니다. "법이란 언어를 넘어섰고 마음과 의식을 넘어섰다"(마하목건련)는 것은 바로 문자로 표현된 가르침이 참모습이 아니라는 것을 말하고, 여러 제자에게 "대승을 설해야 한다", "중생의 근기를 살펴서 설해야 한다"라고 말한 것은 바로 대승불교의 방편설을 강조한 것이겠지요.

약간 충격적이라 할 수 있는 표현들도 눈에 띄지요? "음식을 베푸는 사람들은 어떤 과보도 받지 않으며 이익도 없고 손해도 없다"(마하가섭). "그대에게 음식을 보시한 이들이 여전히 삼악도에 떨어진다"(수보리). 스님들에게 공양을 올리는 것이 아무런 공덕도 없고, 심지어는 삼악도에 떨어진다니요? 좀 상식 밖의 이야기 아닌가요? 부처님을 비롯한 스님들은 '복전'(福田)이라고 불리지 않습니까? 그분들에 대한 공양이나 보시가 복덕을 쌓는다는 말이지요. 그런데 아무 공덕이 없을 뿐 아니라 삼악도에 떨어진다니요.

　　이건 좀 어려운 대목입니다만 아마도 당시 스님들의 계급의식, 우월의식을 깨뜨리는 방편이 아닌가 싶네요. 대승불교가 일어난 배경에는 출가자 중심의 불교, 대중들의 일상적 삶을 소외시킨 불교의 모습이 있다는 말씀은 이미 드렸습니다. 그런 불교 속에서는 자연스럽게 "사람 위에 스님 있다"라는 관념이 나오게 됩니다. 대중들의 삶은 하찮고 열등한 것이고 출가자들의 삶은 뛰어나고 청정한 것이다. 그러니 대중들은 이생에서의 수행은 포기하고 출가자들에게 보시, 공양을 하여 복을 쌓아 내생에 출가하여 수행할 수밖에 없다. 대개 이런 사고가 깔리게 된다는 말입니다. 과연 그런가요? 혹시 그 말이 맞지 않느냐고 고개를 갸우뚱하시는 분이 있을 수도 있겠네요. 그러나 그렇게 되면 정말 큰일입니다. 우리의 삶 전체가 불교에서 소외를 당하지요. 그리고 바로 지금 여기에서의 불법 수행을 내생으로 미루면, 그 미룬 것이 버릇이 되어 내생에 또 미루게 될 겁니다. 그리고 "나는 재가자이다"라는 생각을 마음에 새기게 되면 내생에도 역시 재가자가 될 가능성이 많을 겁니다. 출가와 재가라는 것을 이분법적으로 나누는 사고방식을 깨지 않으면 안 된다는 말이지요. 바로 그런 정신을 드러낸 것이 "아뇩다라 삼먁삼보리의 마음을 일으켜 올바른 행을 부지런히 닦는 것이 출가다"(라후라)라는 말이겠지요. 바로 여기서 깨달음을 향한 마음을 일으키는 것이 출가라는 말이니, 출가의 외적인 형식에 매달리지 말고 출가의 본질에 발을 디디는 것이 중요하다는 말 아니겠습니까?

이 밖에도 여러 가지 이야기들이 있지만, 비슷한 논리의 반복이라는 틀에서 보면 큰 그림이 보입니다. 교향곡 같은 것을 들어 보면 동일한 주제 선율이 약간의 변화된 선율로 계속 반복되는 것을 알 수 있지요? 베토벤의 「운명 교향곡」을 들어 보면 첫머리에 나오는 "콰과과 쾅!" 하는 선율이 약간씩 변화를 가지고 계속 나오는 것을 알 수 있습니다. 저는 그 "콰과과 쾅!"을 "문열어 주!"라고, 제 나름의 유머를 섞어 말하곤 합니다만…. 전혀 우습지 않다고요?

아무튼 그렇게 주제 선율이 반복되는 그런 느낌입니다. "적정을 버리지 않으면서 모든 세상을 본다"(아나율)든가 "모든 법의 성품이 비었음을 바로 아는 것이 계율을 잘 지키는 것

이다"(우바리)라는 말들도 앞의 이야기들과 비교하면서 살펴
보면 대략 어떤 이야기인지 느낌이 올 겁니다.

부처님을 보는 올바른 시각

마지막으로 아난의 경우에서는 "부처님을 어떻게 봐야 하는
가?" 하는 문제가 드러나는 대목이라서 흥미롭습니다. 소승불
교에서의 부처님과 아라한은 크게 구별되지 않습니다. 그러나
대승불교에 들어오면서 신앙의 대상으로 부처님의 위상이 크
게 높아지게 되지요. 법신, 보신, 화신의 개념이 정립되면서 아
승지겁의 수행을 거쳐 위대한 성취를 이룬 지고한 분으로 묘사
됩니다. 보살의 개념과 연결되면서 아라한과는 전혀 다른 위상
을 갖게 된다는 말입니다. 그러한 불교 역사에 대한 지식을 배
경으로 한다면, 과연 지금 우리는 부처님을 어떤 분으로 봐야
할까요? 아득한 신앙의 대상으로, 대 우주에 충만하시고, 대광
명을 나투시며, 모든 중생들의 어버이이신 부처님으로 보는 관
점이 있겠지요. 다른 한편으로는 우리와 다름없이 한 인간으로
태어나셔서 먹고 싸고 아프고 한 그런 존재라고 보는 관점이
있습니다. 불교의 특징이면서 장점은 이 두 관점이 단절된 양

열반에 드는 부처님과 부처님 곁을 지키는 제자들(인도네시아 트로울란 유적).

극단으로 있지 않고 연결된다는 점이지요. 우리와 같은 존재이면서 궁극을 성취한 이, 그분이 바로 부처님이죠. 그래서 우리는 역사 속에 한 인간으로 살아가신 부처님의 모습을 잘 살피면서, 그분의 궁극적인 모습에 대한 신앙을 갖는 일을 병행할 필요가 있습니다. 병이 드신 부처님을 위해 우유를 탁발하는 아난에게 유마거사는 궁극의 부처님을 말하여, 육신으로 화현하신 부처님에 매달려 그 궁극적인 모습을 놓쳐서는 안 된다고 말합니다. 그래서 혼란에 빠진 아난! 그때 허공에서 알려주는 소리가 들립니다. "참된 부처의 몸에는 병이 없지만 이 세상에

출현해 있는 동안은 병을 보이는 것이다. 우유 얻는 것을 부끄러워 말라!" 평생 부처님을 가장 가까이 모시면서 부처님의 인간적인 모습에 가장 친숙한 아난! 그에게 부처의 참모습을 설파하는 유마거사! 다시 부처님이 병을 앓는 모습을 보이는 것이 어떤 의미인가를 드러내 주는 허공의 소리! 이 삼박자의 조화가 얼마나 절묘합니까? 얼마나 멋있습니까? 『유마경』은 이런 경전입니다.

자, 그런데요. 여기서 한번 물음을 던져 보겠습니다. 앞으로 더 진행하면 기회가 없을 것 같아서요. "대승불교, 대승불교 하는데 과연 그렇게 따질 필요가 있는가? 그냥 열심히 수행하여 깨달으면 결과는 다 같지 않은가?" 이렇게 물을 수 있지 않을까요? 대승불교라는 것이 꼭 나올 이유가 있느냐는 물음일 수도 있지요. 이런 물음은 예수나 공자나 부처님이나 결국 궁극적 가르침에서는 같은 거 아니냐는 물음과도 비슷한 맥락입니다. 여러분은 어떻게 생각하시나요?

그렇게 보는 것은 매우 위험한 요소를 지니고 있습니다. 그냥 깨닫기만 하면 결과는 똑같다? 그건 원인과 결과를 완전히 뒤죽박죽으로 만드는 생각이지요. 완전히 개인적인 평안만을 위해 수행한 것이나, 중생을 향한 무한한 자비심을 원동력으로 한 수행이나 결과가 같다면 말이 되지 않지요. 그러니까 올바른 지향으로 올바르게 수행하는 것만이 올바른 결과를 가져옵니다. 그래서 대승의 가르침에 확고하게 발을 디디고, 부처가 되는 보살의 길을 불퇴전의 걸음으로 걸어가는 것, 그것이 무엇보다도 소중한 것입니다. 어느 스승께서 하신 말씀이 떠오르네요. "대승의 범부가 될지언정 소승의 성과(聖果)를 탐하지 말라!"

4장

보살들의 이야기

보살품(菩薩品)

보살품의 주요 내용

이때의 부처님 회상(會上)

스님들보다도 훨씬 많은 보살들이 있었지!

부처님께서 보살들에게 부촉하신다.

"미륵보살, 그대가 유마거사 문병을 가 보지."

미륵보살이 아뢴다.

"부처님, 저는 감당을 못하겠네요.

전에 부처님께 수기(受記) 받은 것을 두고

유마거사가 그 근본 뜻을 설파할 때

한 마디도 응대를 못했거든요."

"그렇다면 광엄동자, 그대가 가 보려는가?"

"부처님, 저도 감당을 못하겠습니다.

전에 유마거사에게 깨달음의 도량에 대한 가르침을 들었는데

꿀먹은 벙어리가 되었어요."

"지세보살, 그대가 문병을 가려는가?"

"부처님, 저도 못해요.

전에 마왕 파순이 제석천왕으로 가장하고

저에게 1만 2천의 천녀를 바치려던 일이 있었는데….

그때 유마거사가 그 정체를 밝히면서…, 엄청 혼났거든요."

"선덕보살, 그렇다면 그대가 가야 하겠어."

"부처님, 저도 안 돼요.

전에 유마거사에게서 재보시와 법보시에 대한 가르침을 들었

는데 완전히 두 손 들었어요."

이렇게 보살들마저 차례로 물러서니

참으로 유마거사의 이름 우뚝 드러나네.

부처님께서 유마거사의 방편을

정말 멋지게 띄워 주시네.

십대제자와 보살들, 부처님의 뜻에 응하여 거드시니

참으로 멋있는 광경이로다.

이제 보살들의 차례

십대제자가 다 물러났습니다. 그럼 이제 누구 차례일까요? 당연히 보살님들 차례입니다.『유마경』의 첫머리에 말씀드렸죠? 스님은 8천 명이요, 보살은 3만 2천 명이 모였다고요. 8천 명 모인 스님들의 대표, 즉 성문(聲聞)의 대표가 바로 십대제자입니다. 성문의 대표선수인 십대제자가 모두 문병사절을 감당치 못한다고 물러났으니, 스님들은 모두 물러난 셈이 되겠네요. 남은 것은 3만 2천 명 모였던 보살들입니다. 당연히 보살들 가운데서 문병사절 임무를 감당할 분을 찾는 순서가 되겠네요.

그런데 첫 이야기에서 '보살'은 대승운동에 앞장섰던 분들에게 붙였던 이름이라고 말씀드렸죠? 그 증거가 여기서도 몇 군데 드러나고 있네요. 부처님께서 문병사절을 부촉하시는 보살 가운데 광엄동자(光嚴童子)와 장자의 아들 선덕(善德)이 있습니다. 지금 이야기하는 품은「보살품」(菩薩品)이니까 이분들도 당연히 보살이라고 보아야겠지요? 광엄동자라는 분도 그렇지만 장자의 아들 선덕은 분명하게 그 당시의 재가불자입니다. 그러니 여러분들도 대승의 정신을 확실하게 알아서 이 시대에 대승을 편다면 바로 보살이라는 것! 이 글의 처음에서 말했던 것이지만 다시 한 번 강조합니다. 이 마음이『유마경』을 읽어 가는 근본적인 마음이어야 한다는 것도요.

자, 그럼 부처님께서 어떤 보살들에게 문병사절을 부촉하시는지 차례로 봅시다.

첫번째는 미륵보살입니다. 잘 아시죠. 다음 세상에서 부처 되어 오실 분, 당래하생(當來下生) 미륵존불(彌勒尊佛)이라고 불리시는 분이죠? 석가모니 부처님께 수기(授記)를 받았다 합니다. 한 번 더 생을 거치면 부처를 이룰 거라고. 그런데 이 미륵보살님도 유마거사한테 된통 당하셨다네요. 바로 그 수기 문제를 빌미로 유마거사가 법거량을 시작하네요. 우선 다음 생이라는 말 자체가 어폐가 있다는 겁니다. 『금강경』에서 과거의 마음, 현재의 마음, 미래의 마음을 얻을 수 없다는 것은 결국 과거, 현재, 미래라는 시간의 구분을 부정하는 것입니다. 시간이라는 것 자체가 원래 그런 거지요. 무한한 연속 가운데 잠시를 고정해 본 것인데, 실제로는 잠시도 고정될 수가 없는 것이 시간이지요. 그리고 시간이란 절대적으로 정해진 분량이 있는 게 아닙니다. 왜 그런 이야기 있잖습니까? 천상계의 하루가 인간계의 1년이라는 이야기 같은 거 말입니다. 인도 신화에는 브라만 신이 한 번의 삶을 사는 것이 우리 세상의 한 겁(劫)이라는 이야기도 있습니다. 그 브라만 신도 비슈누라는 신의 배꼽에서 연꽃처럼 피어난다던가요? 아무튼 시간성이라는 것 자체가 문제라는 거죠. 그리고 깨달음을 얻는다는 말도 문제가 있다는 것입니다. 진여성(眞如性)이라는 것은 차별을 떠난 것이지요? 거기에는 깨달았다, 깨닫지 않았다는 말 자체가 붙을 수가 없습니다. 깨달았다는 말 자체가 붙는 순간, 깨닫지 않음과 상대가 되고, 그런 순간에 절대적인 진여는 상대성 속으로 떨어져 버립니다. 그런 절대적인 관점에서는 미륵보살이 수기를 받았다면 일체중생이 모두 수기를 받았다고 말해야 합니다. 중생과 부처, 그리고 미륵이라는 상대성을 넘어선 것이 진여이니까요.

우리 모두 수기를 받은 사람들!

자, 여러분! 미륵보살이 수기를 받았다는 것을 우리 인정하기로 하지요. 유마거사의 말대로라면 우리 모두가 수기를 받은 것이 되니까요. 얼마나 좋습니까? 그리고 저는 여기서 우리가 모두 수기를 받았다는 것을 진심으로 인정해야 한다고 봅니다. 여러분 언젠가는 부처 되실 거 아닙니까? 이미 부처님 문중에 들어오셨으니, 그리고 부처 되겠다는 마음을 내셨으니, 언젠가는 그 마음이 성취되어 올바른 깨달음을 얻으실 것이 분명하지요? 의상조사의 「법성게」에 "처음 낸 그 마음이 바로 올바른

3세기 파키스탄 지역에서 만들어진 미륵보살상
(뉴욕 메트로폴리탄 미술관 소장).

깨달음이다"라고 하고 있지요? 그러니 우리 모두 부처 될 수기
받은 것이 틀림없습니다. 좀 이리저리 헤매느라 좀 늦어질 수
는 있겠지만요. 힘이 나지 않습니까? 여기서 『유마경』을 읽는
우리의 좌우명 하나 정하고 갈까요? "못 깨닫는 척하지 말기!"
깨닫지 않았으면서 깨달은 척하는 것은 매우 위험하지만, 우리
에게 중생상을 덧씌워 놓고 깨닫지 못하는 존재라는 생각을 하
는 것은 더 위험하니까요.

　　그다음 광엄동자 이야기를 들어 볼까요? 광엄동자는 성
문을 들어오는 유마거사에게 "어디서 오십니까?" 하고 묻습니
다. 그에 대해 유마거사는 "오묘한 보리[妙菩提]에서 옵니다."
라고 대답하고, 그에 다시 "오묘한 보리는 어느 곳입니까?" 하
고 물으니 그에 대해 유마거사가 오묘한 보리에 대해 상쾌하
게 설합니다. 사무량심(四無量心), 삼십칠보리분법(三十七菩提
分法), 사무외(四無畏), 십팔불공법(十八不共法) 등등, 모든 수
행이 바로 오묘한 보리의 도량이라는 것이지요. 상당히 어려
운 이야기 같지만 유마거사의 마지막 말이 그 모든 이야길 꿰
뚫는 통쾌한 진언으로 울립니다. 보살이 진정으로 올바른 깨달
음을 향한 마음을 정하고 수행한다면 "가고 오고 멈추고 발을
들었다 내리는 등의 모든 행동거지가 다 오묘한 보리의 도량에
서 오는 것이다!" 더 일반적인 말로 하자면 우리의 삶 전체가

깨달음을 향한 수행처라는 말입니다. 대승의 가장 중요한 정신
이 바로 삶과 수행이 떨어져 있는 것을 극복하는 것이라 할 수
있지요. 수행 따로 삶 따로의 불교에서 삶의 현장이 바로 수행
의 도량이 되게 하는 것이 대승불교라는 말입니다. 유마거사는
참으로 상쾌한 변재로 이러한 이야기를 이끌어 내고, 그 이야
기를 들은 수많은 사람이 보리심을 냈는데, 광엄동자는 묵묵히
대꾸를 못했다네요. 그래서 광엄동자도 문병사절을 사양합니
다.

마왕 파순과 유마거사

그다음 지세보살 이야기는 정말 재미있습니다. 마왕 파순(波
旬)이 제석천왕으로 가장하고 지세보살에게 1만 2천 명의 천
녀를 바쳤다네요. 와! 삼천궁녀도 아니고 무려 1만 2천 명의 천
녀입니다! 그런데 지세보살은 참으로 확고한 마음으로, 그 일
은 '법답지 않다고', '온당치 않다고' 거절합니다. 그때 유마거
사가 와서 마왕 파순의 정체를 밝히고, 대신 1만 2천의 천녀를
받겠다 합니다. 마왕 파순은 놀라서 달아나려 하지만 유마거사
의 신통력으로 달아나지 못하고 천녀들을 바칩니다. 유마거사

는 마왕 파순의 권속인 천녀들을 받아서 그들을 교화시키고, 돌아가지 않으려는 그들에게 '꺼지지 않는 등불'(無盡燈)의 가르침을 주고 파순에게 돌려보냅니다.

몇 가지에 초점을 맞춰서 살펴볼까요? 천녀를 거절하는 지세보살과 마왕 파순의 권속임을 알면서도 받아들이는 유마거사의 대비가 재미있지요? 교화하였으면 왜 다시 파순에게 돌려보내죠? 꺼지지 않는 등불이란 무슨 의미일까요?

우선 마왕이라는 존재에 대하여 살펴보지요. 기독교에는 사탄이 있는데, 이 사탄은 절대악으로 묘사됩니다. 용서할 수 없는 존재, 소멸시켜야 하는 존재이지요. 그런 사탄에 비해 마왕 파순은 귀여운 점이 있지요? 적어도 『유마경』에서는 그렇습니다. 지세보살을 타락시키려 하다 실패하고, 유마거사한테 권속인 천녀를 빼앗기고, 다시 돌려달라고 사정하고…. 그런 인간적인 모습이 있는, 귀여운 구석이 있는 마왕이지요. 그런데 여기서 잠깐! 이 마왕 파순에게도 불성이 있을까요? 마왕도 성불할 수 있나요? 마왕이 성불할 수 있다면 우리가 한번 수기를 내려보는 것도 괜찮지 않을까 싶은데요. 그대도 언젠가는, 무량수겁이 걸릴지는 모르지만, 언젠가 성불하리라! 터무니없는 소리라고 웃지 마세요. 마왕 파순의 정체를 제대로 한번 밝혀볼까요? 마왕 파순은 하느님이에요. 물론 우리들이 일상적으로 쓰는 하느님이라는 의미와는 조금 다른 의미의 하느님이지만. 욕계 육천의 제일 위에 있는 타화자재천(他化自在天)의 천주(天主)거든요. 처음 듣는 소리라는 분이 많네요. 그런 파순을 왜 마군으로 묘사하느냐구요? 욕계의 하느님이라 그런지 파순은 중생들을 계속 욕망으로 꼬드기거든요. 그래서 수행을 가로막는 마군으로 취급될 뿐, 쉽게 무시해서는 안 되는 것이 바로 파순입니다. 불교를 옹호하는 하느님으로 잘 알려진 제석천보다 오히려 위계가 높은 하느님이라니까요. 그러니 그런 파순이 성불한다는 것이 전혀 이상한 이야기가 아니잖아요?

『서유기』에는 이런 이야기가 있습니다. 손오공이 요괴한테 고생을 하다가 도저히 안 되어 관세음보살께 구원을 청하지요. 꾀를 내어 관세음보살이 요괴 친구인 요괴로 변신을 하여 요괴 동굴에 잠입하고, 손오공은 그 요괴 친구가 선물하려 했던 단약으로 변신을 하여…. 여차저차 하여 요괴가 손오공이 변신한 단약을 삼키고, 손오공이 요괴 뱃속에서 난리를 쳐 요괴에게 항복받는 이야기입니다. 그런데 관세음보살이 요괴로 변신했을 때 손오공이 한마디 하지요. "요괴가 보살이 된 건지, 보살이 요괴가 된 건지 모르겠네요." 여기에 보살님이 말씀하십니다. "요괴나 보살이나 결국 한 생각일 뿐이니라!"

나와 다른 편은 악이라 몰아붙이며 극성스럽게 편 가르기를 하는 세태를 질타하는 사자후라 할까요? 실제로 『서유기』의 이 대목은 물리친 요괴를 관세음보살님이 보타낙가산의 산지기로 채용하는 것으로 끝납니다. 요괴 가문(?)에서 보살 가문으로 이적을 하는 것이지요. 이 이야기 말고도 『서유기』의 여러 곳에서 요괴 가문과 보살 가문이 뒤섞이는 일들이 벌어집니다. 그리고 '요괴나 보살이나 결국 한 생각'이라는 관점이 바로 불교의 관점이라 할 수 있는 것이지요. 유마거사가 파순의 권속을 받아들여 교화하는 것도 이런 맥락에서 보면 당연한 일입니다.

그렇게 보면 천녀들을 교화하고 다시 파순한테 돌려보내는 것 또한 이상한 일이 아닙니다. 여기서는 꼭 돌려보내야 한다는 것은 아니겠지요. 그렇지만 네 편 내 편을 가리지 않는 이상 꼭 내 곁에 두어야 하는 것도 아니지요. 그들이 어디에 가든 정법을 따르고, 주변에 그 정법을 전하면 되는 것입니다. 그런 점에서 유마거사가 천녀들에게 준 '꺼지지 않는 등'의 가르침은 참으로 감동적입니다. 등불 하나로 수십만 등불을 붙일 수 있는 것과 마찬가지로, 보살 한 사람이 수많은 대중들에게 깨달음을 구하는 마음을 내도록 한다면 이 보살의 보리심은 영원히 고갈되거나 쇠퇴하지 않으며 오히려 발전하고 강화된다는 것이지요. 그리고 천녀들에게 그러한 역할을 하도록 당부하는

부처가 되기 직전 파순의 공격과 유혹을 받고 있는 석가모니. 중앙 보리수 아래의 빈 자리는
부처를 상징한다.(2세기 인도 아마라바티. 파리 기메 미술관 소장)

것입니다. 비록 마궁에 있더라도 그 깨달음을 구하는 마음을 잃지 않고, 또 다른 이들이 그런 마음을 내도록 하는 존재가 되어라! 그것이 바로 꺼지지 않는 등불이 되는 것입니다.

아무튼 이런 사건이 있었기에 유마거사의 자유자재한 신통력과 지혜에 감히 대응할 자신이 없는 지세보살도 슬그머니 뒷전으로 물러납니다.

재물로 법보시를 해볼까요?

다음으로 장자의 아들 선덕에게 부촉이 넘어가네요. 그런데 선덕 또한 유마거사와의 법거량에서 한바탕 혼이 난 이야기를 합니다. 주제는 보시의 문제네요. 선덕이 아버지의 집에서 칠일간의 대보시회를 열어 많은 사람들에게 공양을 하였는데, 유마거사가 와서 법의 보시회를 열어야지 이런 재물의 보시회를 열어서는 안 된다고 야단을 쳤다는 겁니다. 그러면서 중생들이 진리를 성취하고, 원만한 수행을 일으키게 하는 법보시의 공덕에 대하여 찬란한 언변으로 설파를 했다는 것이지요. 우리가 흔히 이야기하는 재보시와 법보시의 이야기입니다. 재보시보다 법보시의 공덕이 비교할 수 없을 만큼 뛰어나다는 이야기는 많이 들으셨을 겁니다.

그런데 그냥 그렇게 재보시와 법보시를 구분하고, "법보시가 그렇게 훌륭한 것이구나!" 하고 끄덕여서는 안 됩니다. 재물과 법을 그렇게 이분법적으로 나눠서는 안 되지요. 재물 가는 데 마음 가는 것입니다. 자꾸 마음타령 하면서 법보시는 오직 마음과 관계된 것이라고 해서는 안 된다는 말이지요. 재물보시를 청정한 마음으로 하고, 그 마음이 전해지면 그것도 법보시입니다. 물질적인 문제로 어려움에 처한 사람에게는 물질을 보시해야 하지요. 그럴 때 상을 바라지 않고 청정한 마음으로 보시를 하면, 그 청정한 마음이 반향을 일으킵니다. 그러면 재보시와 법보시가 함께 이루어지지요. 이것이 바로 진정한 보시입니다. 『유마경』의 전개 또한 그렇습니다. 법보시의 공덕을 말하는 유마거사에게 감명을 받은 장자의 아들 선덕은 엄청난 가치를 지닌 보석 목걸이를 유마거사에게 바칩니다. 유마거사는 처음에는 사양하다 결국 이를 받아 둘로 나누어서 한쪽은 가장 빈천한 거지에게 주고, 다른 한쪽은 난승여래(難勝如來)에게 바칩니다. 그리고 신통력으로 대중들이 난승여래의 장엄한 모습을 보고 신심을 일으키도록 해줍니다. 물질이 필요한 이에게 물질을 주어 평안을 얻게 하고, 또 재물을 통해 대중들의 청정한 믿음을 일으키는 일을 함께 한 것이지요. 그리고는 말합니다. "보시를 하는 이가 평등한 마음으로 가장 천한 거지도 여래의 복전처럼 생각하고, 또 차별 없이 공평하게 주고 대자대비한 마음으로 널리 보시하면서, 어떤 과보를 바라지도 않는다면 이를 원만한 법보시라 한다"고 말입니다. 재물과 법을 나누는 생각조차 없지 않습니까?

자! 그러니까 재보시다 법보시다 분별 떼고, 열심히 보시합시다. 대승의 수행으로 제시되는 육바라밀에는 소승에 없던 보시가 그 첫머리에 있지요? 대승의 정신을 대표하는 것이 바로 보시라는 거 아니겠습니까? 불세계를 건설하기 위하여, 또 아픔 속에 놓여 있는 중생들을 치유하기 위하여 끊임없이 청정한 보시행을 실천하는 것, 그것이 대승의 출발입니다.

5장

문수사리보살이
문병을 가시다

문수사리문질품(文殊師利問疾品)

문수사리문질품의 주요 내용

보살들도 차례로 물러서니

과연 누가 문병 임무를 감당할까?

그래도 믿을 분 하나 남았다.

법왕자(法王子) 중의 법왕자라 하는 문수사리보살 있었네.

부처님께서 부촉하신다.

"결국 그대가 가야 할 것 같아."

문수사리보살이 답한다.

"그 유마거사는 참으로 응대하기 어렵습니다.

참으로 높고 깊은 성취가 있고

변재와 신통이 견줄 수 없습니다.

그렇지만 부처님의 위신력에 의지하여

힘껏 그와 담론해 보겠습니다."

이렇게 하여 이루어지는

유마거사와 문수사리보살의 법석(法席).

참으로 귀한 그 자리를 누가 놓치려 하겠는가?

수많은 스님들과 천신들, 보살들이 우르르

문수사리보살을 따라나선다.

유마거사, 이것을 알고

방을 깨끗이 비우고 달랑 침상 하나만을 놓고,

그 위에서 병을 앓고 누워 있다.

우리들 모두 그렇게 홀로 앓고 있는 사람들이런가?

문수사리보살이 오는 것을 보고

유마거사 한 살을 쏘아 보내신다.

"오는 것 없이 오시고,

보는 것 없이 보시고,

듣는 것 없이 들으시는군요."

문수사리보살 그 화살 척 받아내시고

본격적인 법담에 들어간다.

대승불교 역사에 가장 찬란하게 빛나는 자리가

여기서 열리는구나!

맛보기로 담론의 몇 토막을 들어 볼까?

"왜 이 방은 비어 있나요?"

"불국토가 본디 비어 있는 것입니다."

"왜 시종들이 하나도 없나요?"

"모든 악마와 외도들이 다 나의 시종이거든요."

이 가운데 가장 찬란하게 빛나는 한 대목.

"거사님 병의 원인은 무엇인가요?"

"중생이 병들었기에 나도 병이 든 것입니다….

중생이 병과 괴로움을 벗어난다면 모든 보살도 다시는 병들지

않지요….

보살의 병은 대비심(大悲心)에서 나오는 것입니다."

대승의 정신을 드러내는 찬란한 깃발로 빛나는 이 한 구절

보살이 병을 앓는 것은 중생이 병들었기 때문이로다!

문수사리보살이 있었네!

큰일이 났네요. 부처님을 가까이 모시고 있던 십대제자와 보살들이 모두 문병사절을 감당치 못하겠다니. 부처님 문하에 사람 없다는 소문이 퍼지게 생기지 않겠어요?

물론 그럴 리야 없죠. 지금 우리가 읽어 나가고 있는 『유마경』은 유마거사를 높이 치켜세우면서, 그 입을 통해 대승을 설파하기 위한 무대지요. 지금 십대제자와 여러 보살들은 그 무대에 맞춰 유마거사를 높이고 있는 것이지요. 그렇게 위상을 높여 놓으면, 그분의 입을 통해 나오는 가르침이 더더욱 빛나게 되니까요. 물론 유마거사가 그만큼 훌륭하니까 그렇게 높일 수가 있을 것이지만요.

그리하여 돌고 돌아, 결국 문수사리보살에게 임무가 주어지네요. 문수보살은 어떤 보살님이죠? 우리가 예불할 때 늘 문수보살을 찬탄하는 말이 있지 않습니까? '대지문수사리보살'(大智文殊師利菩薩)이라고요. 큰 지혜를 갖추신 보살이라는 의미네요. 그렇습니다. 문수보살은 지혜의 상징입니다. 『법화경』 등에서는 법왕자(法王子)라고 불리고 있기도 하지요. 보살님들에게는 각각 특징이 있는데 문수보살님은 지적인 측면에서, 법에 대한 이해의 측면에서 가장 탁월한 분으로 찬탄되고 있는 것입니다. 바로 그 문수보살에게 부처님의 부촉이 돌아갑니다.

문수보살의 응대를 보면 참으로 의젓하고도 품위가 있어 찬탄을 금할 수 없습니다. 우선 유마거사는 참으로 법으로 상대하기 힘든 분이라면서, 이 경의 설정에 맞추어 유마거사를 높입니다. 그러고 나서는 슬그머니 "부처님의 위신력을 받아 그를 찾아뵙고 문병하겠습니다"라고 하지요. 자신의 능력을 드러내지 않고 부처님의 위신력을 높이는 모습에 겸손함과 당당함이 빛나게 드러납니다.

아무튼 그래서 문수보살이 문병사절로 나서자 수많은 보살과 제자, 천신들이 따라나섭니다. 유마거사와 문수보살의 만남이 진리를 접할 수 있는 천고에 드문 자리라는 것을 아는 거죠. 이런 자리를 놓치면 몇 겁을 땅을 치며 후회를 할 자리라는 것을 아는 겁니다. 그래서 몇만 명이 유마거사의 처소로 달려가지요. 정말 운집(雲集)이라는 말뜻 그대로, 구름처럼!

이렇게 오는 것을 알고 유마거사는 그분들을 맞는 시작부터 오묘한 장치를 만듭니다. 신통력으로 시중드는 이도, 모든 세간살이도 하나 없이, 방을 온통 텅 비우고 홀로 병을 앓고 누워 있는 모습을 연출하지요. 여기부터 느끼셔야 합니다. 우리 모두가 이렇게 홀로 병을 앓고 있다는 사실을 보아야 한다

대중들과 함께 유마거사의 문병을 가는 문수보살(둔황 막고굴 벽화).

는 거지요. 이 비어 있음은 두 측면이 있습니다. 뒤에 유마거사는 이 불국토 자체가 비어 있음[空]을 보이는 것이라 설명합니다. 그렇지만 필자는 우리 모두 아무것도 없는 속에 홀로 앉고 있는 존재라는 것을 강하게 느낍니다. 공허의 바다 위에 떠 있는 존재, 결국 혼자인 존재이지요. 누구도 나의 아픔을 대신할 수 없습니다. 그것을 확실히 봐야 하지요. 그렇게 공허를 똑바로 마주하고, 그러면서도 그 공허에 굴복하지 않는 용기를 내야 합니다. 그렇게 되면 유마거사가 보이신 것과 같은 비어 있음[空]의 진리에 도달하게 되겠지요. 필자가 좀 감상적인지, 홀로 빈 방에 앓아 누우신 유마거사의 모습에서 무언가 우리 삶의 본질을 본 것 같아 가슴이 뭉클하고 눈시울이 젖었던 기억이 있습니다.

자, 그렇게 무대를 꾸며 놓고 있는 유마거사의 방에 문수보살을 비롯한 대중들이 들이닥칩니다. 그리고 정말 심오한 법담이 오가게 되지요. 그 심오한 법담을 심오하게 풀면 너무 심오함이 겹칠 것 같아 슬쩍 양념을 쳐 가면서 가볍게 풀어 보겠습니다.

문수사리보살이 오는 것을 보자마자 유마거사가 한 살을 쏘아 보냅니다. '흠, 처음부터 분위기를 좀 잡아 봐야지?' 하는 느낌이지요. "잘 오셨습니다. 오는 바 없이 오시고, 보는 바 없이 보시고, 듣는 바 없이 들으십니까?"『반야심경』의 구절이 떠오르네요. "생기지도 멸하지도 않고, 더럽지도 깨끗하지도 않고…." 진여(眞如)의 관점에서 보면 모든 생멸과 변화는 덧없는 것입니다. 유마거사는 아주 무서운 화살을 날린 것이지요. "당신은 그 진여를 떠나지 않고 이 생멸의 세계를 노닐고 계시겠지요?"라는….

중생이 병들었기에 보살이 병든다

문수보살, 백전노장입니다. 처억 받아내지요. '어허, 이 어른 참으로 마음이 급하시구만. 숨 좀 돌리고 하십시다' 하는 기분일까요. 일단 유마거사의 말에 긍정을 하면서도 "이 문제는 이 정도로 하지요" 하면서 슬쩍 물러섭니다. "부처님의 심부름으로 왔으니, 문병을 해야 할 것 아닙니까?" 하며 능치는 모습이지요. 그러면서 평범한 문병의 말로 유마거사를 슬쩍 떠봅니다. "이 병은 왜 생겼나요? 생긴 지 오래되었나요?" 하는 물음…. 유마거사가 방편으로 병을 앓고 있다는 것을 아는 문수보살이 육체의 병을 물었을 것 같습니까? 당연히 아니지요. 육체의 병은 불보살의 눈으로 보면 당연히 있는 현상일 뿐입니다. 그것

을 병으로 여길 까닭도 없습니다. 병을 묻는 의례적인 말이라고 의례적인 말로 답하면, 이 법의 자리는 그걸로 끝나는 거지요. 문수보살께서 평범함 속에 비수처럼 날카로운 물음을 숨겨서 건넸습니다. 유마거사가 척 알아챕니다. '흐흠, 멍석을 펴 주니 한판 멋지게 놀아 보란 말씀이시지요?' 평범한 문병의 말에 터지는 유마거사의 사자후를 보면 이런 느낌입니다. 천 년을 울려 퍼질 명언, 『유마경』 전체를 통해서 가장 잘 알려진 유명한 대답이 여기서 나오지요.

　"중생이 병들기에 보살도 병든다", 쉽게 말하면 "중생이 아프기에 보살이 아프다"입니다. 유명한 말이라 다 잘 알고 있을 것 같지만, 실제로는 참 어려운 말입니다. 중생이 아프다고 왜 보살이 아파요? 중생은 중생이고 보살은 보살인데?

　거기에 대한 답도 아마 잘 알고 계실 것 같네요. 보살의 자

중국 원(元)나라 왕진붕(王振鵬)의 「유마불이도」(維摩不二圖, 1308). 왼쪽 단에 걸터앉은 인물이 문수보살, 오른쪽 침상 위의 인물이 유마거사이다.(뉴욕 메트로폴리탄 미술관 소장)

비심 때문에 그런 것이다. 『유마경』에 나오는 답도 그렇습니다. "병이 무슨 원인으로 생겼냐고요? 보살의 병은 대비심(大悲心)에서 나옵니다." 그리고 그것을 자식을 사랑하는 부모의 마음으로 비유합니다. "자식이 병들면 부모도 병든다." "보살은 모든 중생을 외아들처럼 생각한다." 우리가 익숙하게 알고 있는 말들이지요. 그런데 우리는 또 여기 물음표를 붙여 봐야 하겠지요? 그렇다면 우리가 자식 사랑하는 것이 바로 대비심이란 말인가? 그런데 우리는 자식을 사랑한다고 하면서 참으로 여러 가지 집착하는 모습을 보이는데, 보살의 대비심과 우리의 자식 사랑을 나란히 놓는다는 것은 좀 이상하지 않은가? 보살의 대비심을 우리의 자식 사랑에 비유하는 것은, 비유에 그치는 것일 뿐이고 두 가지는 본질적으로 다른 것이 아닐까?

　이런 물음들에 어떻게 답하시렵니까? 보살의 대비심과

우리 자식 사랑은 전혀 다르다고요? 그렇게 보시면 안 됩니다. 둘로 보는 견해, 이것이야말로 『유마경』에서 가장 힘써 물리치는 잘못된 생각이거든요. 『유마경』의 백미는 '둘이 아니라는 가르침'[不二法門]입니다. 그 고상한 불이법문과 우리가 지금 하는 이야기와는 차원이 다른 것이라고요? 그렇게 자꾸 차별하는 것이야말로 둘로 보는 잘못된 견해가 아닐까 싶습니다. 불필요하게 우리를 낮추지 마세요. 한가지입니다. 우리들의 사랑과 보살의 사랑이 근원부터 다른 것일 수가 없는 것이지요, 우리들의 사랑의 마음이 뿌리가 되어 보살의 자비심으로 승화되는 것이지, 우리의 사랑은 잘못된 집착일 뿐이며, 보살의 자비심은 전혀 다른 종류의 사랑이라 하시면 안 된다는 말입니다. 계속 반복되는 대승의 이치를 꿰뚫어 보셔야 하지요. "번뇌와 깨달음이 둘이 아니다"라고 하지 않아요? 상극처럼 보이는 번뇌와 깨달음도 둘이 아니라 하는데, 우리의 자식 사랑이랑 보살의 대비심을 꼭 둘로 보아야 할 까닭이 없지요.

물론 우리는 분별심에 바탕하기에 사랑이 집착으로 되어 괴로움을 일으키는 경우가 많지요. 그래서 그런 사랑은 자비라 하지 않고 애견(愛見)이라 구별하기도 합니다. 그렇다고 해서 사랑의 마음을 일으키는 그 원동력 자체를 나쁜 것이라 보아서는 안 됩니다. 단지 무명(無明)이라는 장애가 있어 그것이 잘못된 모습으로 드러날 뿐이지요. 그렇다고 해서 그 자체가 자비심의 뿌리라는 것을 부정해서는 안 된다는 말입니다. 우리가 부처님의 가르침에 따라 연기법을 밝게 알고, 아상(我相)이 줄면 그 원동력이 제대로 펼쳐져 대비심이 되는 것이라 보아야 합니다.

그러면 얼핏 "지혜가 가장 중요한 것이로구나, 지혜만 생기면 바로 '집착하는 사랑'[愛見]이 대비심으로 전환되는 것이로구나!" 하고 생각하기 쉽지요. 그래서 지적(知的)인 것을 우선으로 여기게 될 수 있습니다. 지혜와 자비가 불교의 두 축이라고 하는데, 지혜가 생기면 자비심이 나오는 것이니까 지혜를 더 중요한 것으로 여기게 된다는 말입니다. 그런데 또 그게 그렇지가 않지요. 본디 자비심으로 충만한 존재이기에 지혜에 의해 그 자비심이 빛을 발하는 것이니까, 근본은 자비심이라고 할 수도 있습니다. 또 사랑의 마음이 전혀 없으면 수행도 불가능하고 깨달음도 이룰 수 없다고 말할 수 있지요. 우리가 깨달음을 향해 나가는 원동력이 바로 사랑의 마음, 자비의 마음입니다. 그리고 온전한 깨달음을 통해서 이룩되는 참 생명의 완성은 자비심에 충만한 존재이고요. 깨달음을 통해 바위나 고목처럼 감정이 없는 존재가 되는 것이 아니지 않습니까? 그렇게 자비심에 충만한 존재로 온전한 생명을 실현해 나가는 수행자를 바로 '보살'이라고 부르는 것입니다.

본디 부처님의 가르침은 이러한 것이었고, 또 이래야 마땅한 것인데, 소승이라 불리는 불교에서는 좀 차가운 이상이 등장하게 되는 것 같습니다. '아라한'이라는 이상, 다시 태어나지 않는 존재라는 이상은 아무래도 좀 차갑지 않습니까? 그에 비하여 중생을 위해 부처 되는 것까지도 미룬다는 보살의 이상은 또 얼마나 따뜻하고 감동적입니까? 『유마경』은 그런 보살이라는 새로운 이상을 형성시켜 가는 대승운동의 초기에 이룩된 경전이라고 할 수 있습니다. 그리고 "중생이 병들었기에 보살이 병든다"라는 『유마경』의 눈이 번쩍 뜨일 만한 이야기가 바로 보살의 모습을 형성하는 초석이 되었다고 할 수 있겠지요.

『유마경』에서 말하는 보살은 문수보살, 관세음보살, 지장보살 등의 보살님들처럼 부처 되기 직전의 경지에 오른 분들만을 가리키는 것이 아니라는 점을 다시 한 번 상기해야 합니다. 장자의 아들 보적처럼, 대승의 정신에 뜻을 낸 그런 분들을 보살이라고 한다는 거, 잊으면 안 됩니다. 그렇지 않으면 "병든 보살을 어떻게 위로해야 하는가?", "병든 보살은 어떻게 자신의 마음을 다스려야 하는가?" 하는 『유마경』의 물음이 좀 어색해지지요. 앞에서 예를 든 그런 보살님들께 던지는 물음으로는 뭔가 이상하니까요. 그러니까 대승에 뜻을 둔 이들이 병에 대하여 어떤 관점을 가져야 되고 또 어떻게 극복해야 하는가를 묻는 것으로 보아야 합니다.

그런 관점에서 다시 볼까요? 우선 보살은 자신의 자잘한 병에 머무는 것이 아니라 중생들의 아픔을 자신의 아픔으로 삼는 큰 자비심을 일으켜야 합니다. 『금강경』에서 모든 중생을 건지겠다는 마음으로 마음을 항복시키는 것과 마찬가지입니다. 모든 중생의 병을 아파하는 그 마음이 바로 병을 대하는 보살의 첫번째 자세입니다. 그리고 병을 극복하는 가장 중요한 마음가짐이고요. 그런 다음에 병을 일으키는 원인을 연기적으로 잘 관찰하며, 병을 앓는 자신조차도 비어 있다는 사실을 투철하게 보아야 합니다. 내 한 몸의 병에 매달리는 것이 아니고 모든 중생의 아픔을 내 아픔으로 하는 대비심에서 나온 병이기에, 병을 대하고 극복하는 방법도 바로 모든 중생이 괴로움에 빠져 있는 근본 원인을 성찰하고 그것을 해결하는 것을 근본으로 합니다. 유마거사는 그것을 지혜와 방편이라는 말로 압축해서 설명하고 있지요. 지혜로 병의 원인과 현상을 올바르게 보고, 방편을 통해 그것을 원만하게 해결해 나가며, 중생의 모든 병들을 낫게 하는 보살행을 일으킵니다. 올바른 지혜와 올바른 방편, 이 두 가지가 조화를 이룰 때 보살은 스스로의 속박을 풀어 해탈을 이루지요. 그리고 자신의 해탈을 통해 중생의 속박을 풀어 줍니다. 이렇게 지혜와 방편을 조화롭게 추구해 나가는 것, 그것이 바로 보살행입니다. 그리고 그것이 바로 병에 올바로 대처하고 극복하는 길이라는 것이지요.

병을 방편으로 하여 대승의 가르침을 선양하겠다는 유마거사의 뜻, 여기서 이미 반을 이루었습니다. 중생의 아픔을 자신의 아픔으로 삼는 대비심이 근본이지요, 자신의 병에 매달리면 자신의 병도 못 고칩니다. 중생의 병을 자신의 병으로 삼는 보살의 큰 마음이라야, 거기에서 지혜가 나오고, 또 방편도 나옵니다. 그리하여 자신의 병과 중생의 병을 함께 낫게 하는 보살행이 이루어지는 것입니다.

6장

불교는 앉을 자리 찾는 종교가 아닙니다

부사의품(不思議品)

부사의품의 주요 내용

소승을 대표하여 대승을 띄워 주는 못난이 배역 사리불

또 이야기의 실마리를 연다.

'이 대중들은 어디에 앉아야 할까?'

유마거사 묻는다.

"스님은 진리를 찾아 오셨소?

아니면 자리를 찾아 오셨소?"

"당연히 진리를 찾아 왔지요!"

('그런 분이 자리 걱정부터 해요?')

"진리를 추구하는 이는 목숨도 돌보지 않는데

하물며 자리를 찾겠습니까? …

(그런데) 진리를 찾는 이는 어떤 진리도 찾지 말아야 합니다."

참으로 역설적인 표현 가운데 대승의 가르침이 잘 드러난다.

진리를 구하는 이들은 불법승 삼보에도 매달리지 않으며,

고집멸도의 사성제를 추구하지도 않는다.

『반야심경』에 나오는 말씀 아니던가

오온, 육근, … 십이연기, 사성제를

그대로 진리로 믿으면 안 된다고.

『금강경』에 나오는 말씀이던가?

모든 가르침을 뗏목으로 보라고.

그런 고차원적인 문답을 하면서도

현실적인 것을 무시하지도 않는다.

문수사리보살에게 가장 훌륭한 사자좌가 있는 세계를

물어 알아내곤

수미상세계의 수미등왕불에게서

3만 2천의 높고도 큰 사자좌를 얻어다가

한 칸의 방에 내려놓는다. 그리 넓지도 않은 그 방 안에!

보살들은 신통으로 큰 사자좌에 올라앉는데

성문들은 높은 사자좌에 올라앉지를 못하여

수미등왕불의 도움에 의지한다.

앉을 자리를 찾는 이들은 오히려 자리에 앉지를 못하는구나!

이러한 이야기 속에 대승과 소승의 차이가

뚜렷하게 드러나네.

아아, 위대한 대승 보살의 불가사의 해탈경계여!

수미산이 겨자씨 속에 들어간다네.

말과 생각을 넘어서는 불가사의한 소식이라네.

앉을 자리를 찾아 오셨나요?

『유마경』에서 대승을 높이기 위해 못난이 역할을 하는 성문승들, 그 가운데 대표라 할 수 있는 사리불이 또 실마리를 제공하네요. '이 많은 보살과 성문들이 어디에 앉아야 할까?'

유마거사가 그 생각을 알고 탁 잡아챕니다. "그대는 법을 위하여 왔습니까? 자리를 찾으러 왔습니까?"

사리불이 아무리 못난이 역할을 한다 해도 "자리를 찾으러 왔는데요"라고 하지는 않겠지요. 당연히 법을 위해서 왔다고 말합니다. 거기서부터 유마거사의 앉을 자리 이야기가 펼쳐집니다. 수많은 것들, 어느 것에도 집착하지 않고, 어느 것도 구하지 않는다는 이야기가 반복적으로 펼쳐지지요. 오온과 육근, 십이처…, 나아가 모든 경계, 함이 있음(有爲)과 함이 없음(無爲) 기타 등등, 기타 등등. 그런 모든 것들을 구하지 않고, 어느 곳에도 안주하지 않는다는 것이 결론입니다. 앉을 자리가 실마리가 되었으니 결국 "어디에도 앉지 않는다!"라고 말하는 게 되는군요. 앞에서 요약한 대로 법을 바르게 구한다는 것은 어떤 법도 구하지 않는 것이라는 역설적인 표현이 되겠습니다. 앉을 자리로 말한다면 어떤 앉을 자리도 구하지 않는 자리에 앉는다고 말하는 것이 될까요? 무슨 그런 이상한 표현이 있느

19세기 미얀마에서 제작된 목조 사리불상.

냐고 저를 꾸짖는 분이 나오실 것 같아 눈치가 보이네요.

이 앉을 자리 이야기를 한바탕 해보겠습니다. 유마거사가 "어느 곳에도 안주하지 않는다!"라고 말했지만, 근본적으로 말하면 "어디에도 앉을 자리가 없다!"라고 해야 옳을지도 모르겠습니다. 무슨 말이냐고요? 절에 가 보면 모든 부처님이 다 앉아 계시는데, 그렇게 편안히 앉는 것이 불교의 상징 아니냐고요?

보살님들은 서 계신 분들이 좀 많은데, 그건 부처의 경지에 완전히 도달하지 않아서 그런 것 아니냐고요? 어헛, 그렇게 보면 정말 불교를 거꾸로 보는 것이라고 말씀드리고 싶습니다.

불교야말로 가장 활발발하게 우리의 삶 속에서 궁극적인 행복을 찾아 나가는 가르침입니다. 우리 삶의 행태가 너무 무엇을 찾는지도 모르면서 달려 나가는 병이 있기에, 차분하게 집중하는 수행을 중시하기도 하지만, 결코 거기에 안주하는 종교가 아니라는 것을 분명히 알아야 하지요. 여기서는 원효 스님의 생멸문(生滅門)과 진여문(眞如門)의 틀 속에서 이 이야기를 해보도록 하겠습니다. 원효 스님은 수행이란 생멸문에서 진여문으로 나가는 과정이라 말합니다. 여기서 생멸문이란 차별과 변화가 있는 세계를 말하지요. 크다 작다, 밉다 곱다, 그런 관념들에 매달리며 끊임없이 변화해 나가는 세상입니다. 바로 우리 중생들의 삶이 이루어지는 세상이지요. 이에 반해 진여문이라는 것은 절대 평등, 절대 무차별의 세계를 말합니다. 그러니 우리가 수행한다는 것은 차별된 모습에 매달려 집착하고 욕망을 일으켜 끊임없이 괴로움의 윤회를 거듭하는 삶에서, 모든 차별을 넘어선 절대적 진리의 세계로 나가는 것입니다.

여러분도 잘 아시는 「신심명」(信心銘)의 구절이 있지 않습니까? "지극한 도는 어려울 것이 없다. 오직 간택(簡擇)을 꺼릴 뿐이다. 애착하고 미워하지 않는다면 막힘없이 분명할 것이다!" 이것이다, 저것이다 분별하면서 거기에 사랑과 미움을 덧붙이는 행태를 벗어나는 삶으로 나가는 것, 그것이 바로 수행이지요.

그런데, 열심히 생멸의 세계를 넘어 진여에 도달하는 순간, 진여는 "여기 앉을 자리 없어!" 하고 쫓아내네요. 진여가 발길로 뻥 차는 상상을 한번 해보시지요. 왜 앉을 자리가 없을까요? 진여가 야박해서가 아니라 당연한 이야기입니다. 진여란 무엇이라 했지요? 모든 변화와 차별을 넘어서는 것을 그 본질로 하지요? 그런데 "여기는 진여의 땅이니라! 네가 넘어온 생멸의 땅은 바로 저쪽이고…"라고 한다면 이것은 차별 아닌가요? 차별도 보통 차별이 아니라 가장 근본적이고 무서운 차별이겠네요. 그러니까 진여에 도달하는 순간 그 진여의 속성으로 진여와 생멸의 차별까지도 넘어서 버리는 것이지요. 그러니 앉을 자리가 없다는 말이 맞습니다.

그렇게 되면 어떻게 되는가 하면, 도로 생멸의 세계로 나간다네요. 원효 스님의 말씀이 그렇습니다. 그렇다면 속된 말로 '말짱 도루묵', '말짱 꽝'이라고 해야 하는 것인가요. 그럴 리가 없지요. 여기서 '부사의업'(不思議業)이라는 원효 스님의 대법문이 나옵니다. 업을 부정적인 것으로만 보는 소극적 불교의 모습을 넘어서, 불법을 바탕으로 불세계를 장엄하고 불국토를 건설해 나가는 역동적인 불교를 이루어 내는 전환을 이루는 이야기지요. 우리가 생멸의 세계에서 하는 행위는 괴로움의 윤회를 낳는 업이지만, 진여를 거쳐 다시 생멸의 세계로 돌아와서 하는 행위는 괴로움을 낳는 업이 아니라 오묘하고도 불가사의한 업이라서 괴로움을 낳지 않는다는 것입니다. 불국토를 건설해 나가는 업이요, 불세계를 장엄하는 업이라는 말씀! 불자란 바로 끊임없이 불가사의한 업을 일으켜 나가는 존재인 것이지요. 진여의 땅에 안주하는 것이 불교가 아니지요. 아니 진여에는 아예 안주할 땅이 없습니다. "나물 한 줄기 심을 땅도 없다!", "송곳 꽂을 땅도 없다!"라는 말은 바로 진여의 그런 측면을 드러내는 것입니다.

"애고, 불교 공부해서 마음 쉬고 편하게 머무르려 했더니, 앉을 땅이 없다네" 하고 섭섭해하지 마세요. 그렇게 앉을 자리를 구하는 마음부터 쉬면 바로 그 자리가 활발발한 진여의 삶이 이루어지는 곳이 아니겠어요? 유마거사가 "어디에도 앉지 않는다!" 하신 그 말을 나의 근본 자세로 삼아 보세요. '앉지 않음'에 앉는다는 역설적인 표현, 좀 멋있게 들리지 않나요?

그런데 이런 이야기를 하면 바로 더 큰 문제를 일으키는 분들도 있더군요. "그거 말만 멋있을 뿐이다! 진여에 도달한 다음 다시 생멸의 세계로 나와야 부사의업을 짓는 것인데, 우리는 아직 진여에 도달하지 못했으니까. 진여에 이른다는 것은 우리가 부처 된다는 이야기와 같은 것이고…. 그러니 우리가 부사의업을 지으려면 몇 겁은 지나야 할 것이야."

이렇게 이해해 버리면 기껏 불교를 힘 있는 종교로 전환할 수 있는 관점이, 깨닫기 전에는 아무것도 않겠다는 '앉은뱅이 불교' 만드는 것으로 뒤바뀌어 버리겠지요? 그런데 바로 그렇게 깨달음과 깨닫지 못함을 철저히 둘로 나누어 보고 매달리는 태도가 바로 진여에 반하는 태도거든요. 그런 분들에겐 진여라는 것을 그렇게 고정불변의 한 지점으로 놓아서는 안 된다고 말씀드려야겠습니다. 차별하고 나누며 거기에 집착하는 것을 벗어나는 시각과 태도, 그것이 '진여다움'이지요. 그런 방향성과 자세를 가지는 것이 바로 진여를 바탕으로 하는 삶을 이루어 나가는 것이라고 봐야 합니다. 남자와 여자라는 차별에 매달려 많은 갈등을 빚는다면, 그것을 넘어선 사람이라는 것을 통찰하고 그런 관점을 바탕으로 남자와 여자의 역할을 가장 이상적으로 해나가는 상호보완적인 방향을 찾아내는 것, 그것이 바로 진여를 삶에 녹여 내는 방향성 아닐까요? 그렇게 된다면 남자와 여자에 매달려서 일어나던 많은 괴로움이 사라지고, 정말 오묘하고도 불가사의한 멋진 업이 나올 수도 있을 겁니다.

우리 불자들은 그런 멋진 업을 일으켜 나가는 존재가 되어야 한다고 생각합니다.

앉으려 하는 이들은 앉을 수가 없다네

그래서 결국 "앉을 자리가 없다!", "앉으려 하지 말라!"는 결론에 도달했습니다. 그런데 그런 원론적인 이야기에 머무르면 그것 또한 추상적인 데 앉는 것이 되겠지요. 『유마경』은 거기서 현실적인 멋진 무대를 꾸며 냅니다. 유마거사가 문수보살에게 사자좌가 가장 훌륭한 세상을 묻고, 문수보살이 추천한 수미상(首彌相) 세계의 수미등왕불에게 수많은 사자좌를 얻어 옵니다. 엄청나게 크고 높은 3만 2천 개의 사자좌가 유마거사의 좁은 방에 들어오지요. 사자좌의 크기가 얼마나 되느냐고요? 보살님들 앉는 사자좌가 32억 요자나라 하는데, 1요자나는 대략 30리에서 40리 정도라 하니, 상상을 할 수 없을 만큼 높은 사자좌입니다. 정말 어마무시하게 큰 사자좌가 어마무시하게 많이 유마거사의 방에 들어오는 거지요. 물론 앞에서 수많은 사람이 들어와도 문제가 없었던 것과 마찬가지로, 유마거사의 좁은 방은 할랑할랑 여유가 넘칩니다. 불가사의한 이야기지요. 다른 두 세계가 겹치는 것과 마찬가지인데 전혀 두 세계가 부딪힘이나 장애를 일으키지 않습니다. 현대 물리학의 파동이론을 들이대면 이와 비슷한 이야기를 할 수 있을까요? 같은 공간에 있어도 파동이 다르면 전혀 문제가 없다는…. 그렇지만 그런 어설픈 방식으로 과학을 빌리는 짓이 오히려 문제가 많을 것 같아서, 그냥 불가사의한 이야기라고 해 두고 넘어갑니다. 겨자씨 속에 수미산이 들어가는 이야기! 불가사의죠? 그래서 이 품이 바로 '부사의품'(不思議品)입니다. 그런 경지는 여러분들이 각각 체험 속에서 깨달아 얻어 보시기 바랍니다.

앉을 자리 걱정하던 사리불을 꾸짖어 "앉으려 하지 말라!" 하시곤, 높고 크고 멋있는 사자좌를 빌려오는 반전, 이런 것이 『유마경』의 멋입니다. 그런데 그 멋있음이 여기에 그치지 않아요. 정작 자리 걱정을 했던 사리불을 비롯한 성문들은 그 높고 큰 사자좌에 앉지를 못합니다. 보살들은 신통으로 문제없이 처억! 잘만 앉는데요. 결국 그 사자좌의 원주인인 수미등왕 부처님의 신통력을 빌려 겨우 앉게 되는 촌극이 벌어집니다. 자리를 찾는 사람은 정작 자리에 제대로 앉지 못한다는 이야기를 이렇게 극적으로 표현한 것일까요? 진정 자리를 찾지 않는, 어디에도 앉으려 하지 않는 사람이야말로 어떤 자리에 앉더라도 제대로 앉을 수 있다는…. 그게 바로 대승 보살과 소승 성문의 차이라고 말하고 있는 것으로 보입니다.

　여기서 갑자기 우리 현실과 대비가 되네요. 선거가 다가오면 더더욱 극렬하게 드러나는 자리싸움, 자리에 앉고자 이전투구의 양상을 보이는 후보들을 보면서 의구심이 뭉게구름처럼 일어납니다. 저렇게 자리에 집착하는 분들이 과연 자리에 제대로 앉을 수 있을까? 자리 앉으려고 애쓰는 모든 분에게 『유마경』을 읽힙시다. 그러면 『유마경』의 신통력에 힘입어 그런대로 자리에 앉을 수 있을지도…. 성문들이 수미등왕여래의 신통으로 사자좌에 앉을 수 있었듯이. 대선 우울증이라는 말이 있다더군요. 그 우울증을 극복할 수 있는 길이 『유마경』에 있다는 것을 어떻게 하면 널리 알릴 수 있을까요? 현실을 바꾸는 부사의업을 일으키는 불자들이 많아지는 것이 그 출발점이 되지 않을까 싶습니다.

　애고, 속 답답해지는 현실 이야기는 그만! 본래의 경전 이야기로 돌아갑니다. 사자좌 빌려오는 일을 빌미로 유마거사는 다시 대승 보살의 불가사의한 해탈과 신통의 가르침을 펴고, 이러한 가르침에 놀란 마하가섭은 이렇게 말합니다.

　"우리는 장님이 빛깔을 보지 못하듯, 보살의 불가사의한 해탈 신통을 이해할 수 없구나…. 우리는 이 훌륭한 대승의 가르침에 대하여 마치 썩은 종자처럼 그 싹을 틔울 힘을 잃었으니, 어찌해야 회복할 수 있을까?"

대승불교의 경전 가운데서도 이렇게 소승과 대승을 완전히 구별하면서, 소승에 대하여 가차 없이 비판하는 것이 바로 『유마경』의 특징이지요. 대승의 정신을 가장 선명하게 표방하기에, 적당한 타협으로 소승을 수용하지 않습니다. 『법화경』 같은 경전에서는 "인천승(人天乘)과 성문승(聲聞乘)과 보살승(菩薩乘)을 모아 결국 하나의 불승(一佛乘)으로 이끈다"라는 회삼귀일(會三歸一)의 가르침이 나오는 것과 비교해 보시지요. 소승을 썩은 종자로 표현하는 『유마경』이 부처님의 가르침을 하나로 회통-화합하는 측면에서는 부족할지 모르겠습니다. 그렇지만 오늘날의 불교는 대승불교가 일어났던 당시보다도 훨씬 더 갈피를 잡지 못하고, 부처님 가르침의 본래 정신에서 멀어져 있다고 생각합니다. 대승이라는 것은 어떤 시대의 정해진 가르침이 아니라, 불교가 본래 모습을 잃었을 때 그 본래의 정신을 회복하는 운동입니다. 그렇다면 지금이야말로 진정한 대승운동이 펼쳐져야 하는 시대가 아닐까요? 소승과 대승의 차이를 가장 선명하게 드러내는 『유마경』을 읽어야 할 때! 바로 지금이 아닐까요?

마지막으로, 그렇다면 가섭존자를 비롯한 성문들은 정말 성불 못 하냐구요? 부처 씨앗이 썩어 버렸다면 정말 구제불능

일본의 화가 히시다 슌소(菱田春草, 1874~1911)가 그린 「염화미소」(拈華微笑, 1897). 부처님이 꽃을 들어 가섭에게 마음을 전하는 장면을 담고 있다.

아닌가요? 그런 걱정하시는 분들…, 없겠지요? 걱정 마세요. 부처님께서 가섭존자에게 다시 삼처전심(三處傳心), 즉 세 군데서 마음을 전하는 등의 비밀한 문을 열어 큰 깨달음으로 인도하신 대방편을 보이시니까요!

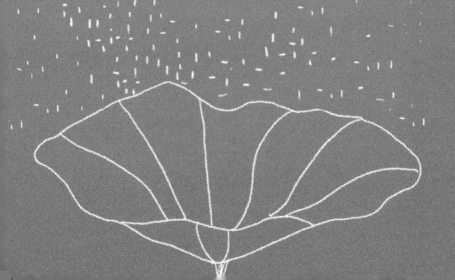

7장

중생을 어떻게 볼 것인가?

관중생품(觀衆生品)

관중생품의 주요 내용

문수사리보살이 묻는다.

"보살은 중생을 어떻게 보아야 하나요?"

유마거사가 답한다.

"중생이란 고정불변한 실체가 있는 것이 아니지요.

환술로 만들어진 존재를 보듯이 해야 합니다."

중생은 중생이 아니라 이름이 중생일 뿐이다?

그런데 참으로 그렇게 중생을 보아야만

중생에 대하여 걸림없는 사랑을 베풀 수 있단다.

진정한 자비희사(慈悲喜捨)의 사무량심(四無量心)을

실천해 나가는

그 길이 바로 여기서부터 열린단다.

유마거사의 방에 머물고 있던 천녀가

이러한 훌륭한 가르침에 환희심을 낸다.

그 환희심을 꽃비로 흩뿌려 내린다.

"이크, 몸에 꽃 장식을 하는 것은 계율에 어그러지지!"

털어 내려는 스님들 몸에는 꽃이 달라붙고

그런 분별이 없는 보살들의 몸에는 붙지 않는다.

뒤이어 사리불과 천녀가 문답을 나누는데

정말로 천녀의 지혜와 변재가 너무도 뛰어나다.

사리불이 감탄하며 다시 어리석은 물음을 던진다.

"그대는 이토록 언변과 신통지혜가 뛰어난데

왜 아직 여성의 몸을 하고 있는가?"

애고, 사리불님아.

아무리 바보 역이라도 좀 심하게 바보스러운 질문이네요.

천녀가 곧바로 받아친다.

"나 자신에게서 불변의 여성성(女性性)을 찾아도 찾을 수 없었

는데 스님의 눈에는 그것이 보이나 봐요?"

그리고 신통력으로 사리불을 여자로 변화시키고 묻는다.

"스님은 왜 여자의 몸을 하고 있나요?"

아! 이 천녀 소속이 어디인가?

참으로 대승의 정신을 이렇게 잘 드러내 주는

그대는 누구인가?

이크, 천녀에게 혼날 물음이로구나!

여자는 여자가 아니요 그 이름이 여자일 뿐!

천녀는 천녀가 아니고 그 이름이 천녀일 뿐!

⋯뿐, ⋯뿐, ⋯뿐. 뿐 또한 그러할 뿐.

천녀(天女) 꽃을 뿌리다

현장 역에서는 '관유정품'(觀有情品), 구마라집 역에서는 '관중생품'(觀衆生品)이라고 부르는 품의 흐름과 내용은 앞에서 대략 정리했습니다. 읽어 보시기만 해도 너무 재미있지 않습니까? 천녀(天女)가 사리불을 여성의 몸으로 바꾸어 놓고, 왜 스님은 여자의 몸을 바꾸지 않느냐고 묻는 이야기는 오늘에 와서도 남자와 여자의 문제를 보는 관점에 큰 전환을 줄 수 있을 정도로 충격적인 이야기 아닌가요? 저는 예전에 이 대목을 읽으면서 정말 신선한 충격을 받았습니다. 그래서 이야기를 경전의 전개대로 풀어 나가지 않고 이 천녀와 사리불의 대화를 먼저 살피고, 그에 맞춰 이 품 전체의 의미를 살펴 나가는 순서를 밟아 보기로 했습니다. 유마거사와 문수사리보살이 말하는 깊은 의미들이 결국 천녀와 사리불의 대화 속에 다 담겨 있다고 생각하기 때문이지요.

유마거사의 방에는 천녀가 머무르고 있었답니다. 보통 때는 모습을 드러내지 않는 존재로 있었지요. 그런데 유마거사와 문수사리보살이 법을 설하는 것을 듣다가 환희심에 넘쳐서 모습을 드러내고, 하늘 꽃을 뿌립니다. 유마거사의 방에 하늘 꽃비가 내리네요. 그런데 이 꽃이 보살들의 몸에는 붙지 않고 떨어지는데 성문 스님들의 몸에는 달라붙어 떨어지지 않습니다. 털어 내려고 애써도 안 되네요. 스님들이 왜 꽃을 털어 내려 했을까요? 꽃이 법답지 못하다고 생각해서입니다. 그건 무슨 말이냐구요? 계율 때문입니다. 스님들은 몸에 어떤 장식도 해서는 안 되거든요. 그 계율이 마음에 오히려 걸림돌이 된다는 겁니다. 천녀가 그 이유를 말해 줍니다. 꽃에 무슨 법다움과 법답지 못함이 있겠냐고요. 스님들의 마음에 분별이 있기 때문에 오히려 꽃이라는 것에 걸림이 생겼다는 것이지요. 그런 분별을 털지 못하면 계율이라는 것이 오히려 장애가 될 뿐이라는 것을, 털어도 떨어지지 않는 꽃으로 비유했다고 하겠습니다. 그 이야기를 계기로 전개되는 사리불과 천녀의 대화가 참으로 재미있어요. 사리불이 해탈이란 언어를 벗어난 것이라고 하자 천녀는 언어문자로 설하는 것이 다 해탈의 모습이라고 응수합니다. 탐진치(貪瞋癡)를 벗어나는 것이 해탈이라는 말에는 탐진치의 본성이 그대로 해탈이라고 말합니다. 고정불변의 진리에 대한 소승의 집착을 부숴 버리는 지혜의 금강저를 휘두르는 것 같아요. 그리고 이런 천녀의 지혜와 언변에 놀란 사리불이 "그대는 왜 여자의 몸을 바꾸지 않는가?" 하고 묻습니다. 대승을 빛나게 드러내기 위한 못난이 역할을 하는 사리불의 모습이 절정에 달한 느낌이네요.

여자의 몸으로는 부처가 되지 못한다?

여자의 몸으로는 부처를 이루지 못한다는 말 들어 보셨어요? 남녀의 성에 대한 차별적인 관점이 극단적으로 드러나는 것이 바로 이 이야기입니다. 이것을 부처님의 본질적인 가르침으로 봐야 할까요? 아니면 남녀 불평등의 오랜 역사가 만들어 낸 것으로 보아야 할까요? 일단 부처님이 직접 여자 몸으로 성불할 수 없다는 이야기를 한 것은 없습니다. 그러나 불교도 남녀 불평등의 사회 속에서 독야청청할 수는 없었기에, 불교 경전에도 여성을 차별하는 많은 이야기들이 들어올 수밖에 없었을 겁니다. 그래서 여자 몸으로 부처가 될 수는 없다는 둥, 여자가 부처가 되려면 일단 남성으로 몸을 바꾼 다음 부처를 이룬다는 둥…, 그런 이야기들이 생겼지요. 그러나 남녀 불평등의 사상은 평등을 근본으로 하는 부처님의 가르침에 부합되기는 어려울 겁니다. 그러기에 대승불교의 사상이 발전할수록 여성의 몸으로도 성불할 수 있다는 이념이 정착하게 되는 추세를 보입니다. 그리고 『유마경』의 바로 이 대목, 사리불과 천녀의 이야기는 그런 남녀 성차별적인 관점을 한방에 때려 부수는 통쾌한 몽둥이질이라 할 수 있겠습니다.

천녀의 말을 직접 들어 보는 게 좋겠네요.

내가 이 방에 있은 12년 동안 여인의 성품을 찾았으나 끝내 찾지 못했습니다. … 환술사(幻術師)가 환술로 여자의 몸을 나타냈는데, '당신은 왜 이 여자 몸을 바꾸지 않습니까?' 하고 묻는다면 올바른 물음이겠습니까?

그러면서 직접 신통을 통해 보여 주지요. 사리불과 천녀의 몸을 바꿔 버립니다. 그러니까 사리불이 여자로 된 거지요. 그리고 "존자께선 왜 여자의 몸을 바꾸지 않습니까?" 하고 묻네요. 이 대목 제가 구구절절 해설할 필요가 있겠습니까? 그냥 느껴지지 않아요? 그 의미를 해설하려 애쓰는 대신, 실제로 있었던 이야기 하나를 소개해 드리겠습니다.

부처님의 가르침으로 세상을 바꿔야 되지

제가 교수로 있을 때, 학생들의 요청으로 제 연구실에서 경전 강독을 진행했었습니다. 예닐곱 명의 관심 있는 학생들과 함께 모임을 이어 갔지요. 『유마경』, 『금강경』, 『장아함경』 등을 함께 읽었는데, 바로 『유마경』의 이 대목에서 한 여학생이 물었지요. 석사과정의 학생이라고 기억합니다. 이렇게 이야기가 진행되었지요.

"선생님, 이 경이 언제 이루어졌나요?"

"글쎄, 적어도 성립된 지 천오백 년 이상은 되지 않았을까?"

"와! 그 오래 전에! 이건 남녀 성평등의 관점에서 본다면 핵폭탄급의 이야기예요!"

여기서 제가 한마디 툭 던졌습니다.

"핵폭탄이면 뭐하니? 불발탄인데!"

여기서 제가 말하고 싶은 것은 두 가지입니다.

우선 첫번째는 천녀가 사리불에게 말한 것, 그리고 신통을 통해 보여 준 남자와 여자에 대한 관점은 정말 핵폭탄급의 파급력을 지닌 이야기라는 것입니다. 남자 중심의 사회에서 여자가 사람 대접을 받은 것이 언제부터였을까요? 서양으로 말하면 1800년대 중반 입센의 『인형의 집』이 나올 당시만 해도 여성은 사람이기 이전에 여자로 묶여 있었다고 보아야 합니다. 그 틀을 깨고 똑같이 사람이며, 그 바탕 위에서 여성과 남성으로 역할이 나누어져 있을 뿐이라는 생각이 정착된 것은 정말 얼마 되지 않습니다. 동양이라고 해서 크게 다를 것은 없지요. 남존여비(男尊女卑)의 관념 아래서 여성이 남성의 소유물처럼 여겨지던 것을 벗어던진 역사는 그리 길지 않습니다. 그런데 정말 천오백 년도 더 전에 남자와 여자라는 것이 단지 환술사가 빚은 환상과 같다는 발언이 나왔다는 것은 참으로 놀랄 만한 일이 아니겠습니까? 그 여학생이 '핵폭탄급'이라고 표현했던 것은 그가 느낀 충격의 크기를 잘 말해 주고 있지요. 현대에 들어와서도 성차별의 문제가 해소되지 않고 있는데, 사리불을 여자의 몸으로 휙 바꿔 버린 뒤 "존자께서는 왜 여자 몸을 바꾸지 않으십니까?" 하고 묻는 이 『유마경』의 대목은 참으로 시대를 뛰어넘는 사상이라 할 수 있겠습니다.

그리고 두번째, 그렇게 시대를 뛰어넘는 뛰어난 사상이 우리 인간의 역사를 바꾸는 데 과연 어떤 역할을 했는가에 대한 반성입니다. 제가 좀 심하게 말하는 것인지 모르겠습니다만, 부처님의 위대한 가르침이 결과적으론 '불발탄'으로 끝나지 않았나요? 과연 이런 가르침을 통하여 우리 현실에 남녀 평등을 실현하는 데 불교가 얼마나 기여했나요? 그렇게 본다면 정말 우리 불자들이 부끄러워해야 할 것 같습니다. 관념의 유희에 머물렀을 뿐 구체적인 현실을 바꾸는 데 등한했던 길고도 긴 불교의 역사! 핵폭탄급의 파괴력을 가진 힘 있는 가르침을 불발탄으로 만들어 온 역사 아닌가요? 부처님의 빼어난 가르침을 찬탄하고 기뻐하는 데 그치지 않고, 그 가르침을 통해 우리 현실을 바꿔 나가야 합니다. 바로 오늘 여기서 하는 우리의 실천이 불국토를 건설해 나가는 움직임이어야 한다는 말입니다.

　자, 다시 경전의 이야기로 돌아가 보지요. 천녀가 사리불에게 말한, 남자와 여자에 대한 관점은 바로 보살이 중생을 어찌 보는가와 근본적으로 같습니다. 문수보살이 묻지요. "보살은 중생은 어떻게 보아야 합니까?" 유마거사가 대답합니다. "환술사가 자신의 환술로 이루어진 일을 보듯이 해야 합니다." 불변의 여성성이란 것은 없고, 환술사가 만들어 낸 환상과 같다는 말과 똑같은 구조지요? 『금강경』의 표현을 빌리자면, 중생이란 것은 중생이 아니고 그 이름이 중생일 뿐입니다. 중생을 실체로 인정하고 부처와 딱 구분하는 순간, 중생을 벗어날 길이 막혀 버립니다. 또 보살이 중생을 그렇게 보고 그들을 교화한다고 나선다면, 그것은 근본적으로 중생무시의 죄업으로 나가는 길입니다. "나는 교화하는 보살이요, 너는 중생이니라!" 이런 마음에 바탕하면 절대로 올바른 교화가 이루어질 수 없어요. 그래서 저는 '상구보리 하화중생'(上求菩提 下化衆生)이라는, 대승의 이념을 대표하는 말에 조금 유감이 있습니다. 깨달음은 높은 곳에 있으니 위로 구하고, 중생은 낮은 존재이니 아래로 교화한다는 생각을 일으키거든요. 그리고 높은 깨달음 먼저 구하고, 그 깨달음으로 중생을 교화한다는 선후관계를 설정

사리불과 천녀(왕진붕 「유마불이도」 부분).

하는 것도 마땅치 않아요. 그래서 무식한 도깨비의 무식한 말이라 하면서 '하구보리 상봉중생'(下求菩提 上奉衆生)이란 표현을 써 보기도 했습니다. '우리 일상의 삶에서 깨달음을 구하고, 중생을 받들어 가면서 교화한다'는 의미로요.

'비어 있음'[空]이 걸림없는 대자비 실천의 바탕이라네

유마거사가 말한 중생을 보는 시각은 공(空) 사상을 드러내는 것입니다. 모든 법은 비어 있는[空] 것이며, 나라고 할 것도 중생이라 할 것도 없다는 것이지요. 그렇지만 자칫 이러한 비어 있음의 측면에 빠지면 참된 실천의 길로 나가는 길이 막혀 버릴 우려가 있습니다. "모든 것은 헛되다!"라는 생각이 허무주의로 나가면 어떻게 되겠어요? 자비실천, 불국토 건설, 그런 것들도 비어 있음이니…. 유마거사는 이런 잘못된 치우침을 벗어난, 참된 부처님의 가르침을 설파합니다. 중생을 고정불변한 실체성을 가진 것으로 보지 않기에, 중생을 낮은 존재로 깔보고 자신을 높은 존재로 생각하는 계급의식과 집착을 벗어납니다. 집착에서 오는 사랑이 아닌 참된 사랑을 실천하게 됩니다. 중생을 환술사가 빚은 환상과 같이 보기에 오히려 크나큰 사랑

의 실천이 가능한 것이지요. 『유마경』의 표현을 몇 구절 들어
볼까요?

> 보살은 모든 번뇌가 끊어진 사람을 닮으니 어떤 집착도 없기
> 때문이며, 열광에 빠지지 않는 사람을 닮으니 번뇌를 벗어났
> 기 때문이며, … 평등한 사람을 닮으니 허공과 같기 때문이
> 며, … 치우침이 없는 사람을 닮으니 애증을 끊었기 때문이
> 며….

정말로 멋진, 이상적인 사랑에 대한 표현들이 가득합니
다. 제 이야기는 정말 여러분이 『유마경』을 직접 읽게 하는 호
기심을 일으키기만 해도 좋다고 생각합니다. 어떻게 집착을 버
린 마음, 비어 있음을 바탕으로 하여 크나큰 사랑이 실현될 수
있는가를 보여 주는 유마거사의 힘찬 이야기를 들어 보세요.
여자는 여자이기만 하고, 남자는 남자이기만 하다는 고정관념
에 사로잡혀 끝없는 갈등을 빚어내는 것이 우리의 현실 아닌가
요? 있는 자와 없는 자를 철저히 나누는 양극화가 나날이 심해
지고, 참으로 우리가 함께 추구해야 할 지향점은 사라지고, 네
편 내 편 가르기만 남아 있지 않은가요? 사리불을 여자로 휙 바
꿔 놓고, 왜 당신은 그 모습을 하고 있느냐고 묻는 천녀의 신통

이 나왔으면 좋겠어요. 우리에게 그런 신통은 없으니, 너와 나의 입장을 바꿔 보고, 나는 왜 이런 모습으로 너는 왜 그런 모습으로 있는가를 한번 돌아보기만 해도 얼마나 좋겠어요? 부처님의 핵폭탄급 파급력을 가진 가르침을 불발탄으로 만드는 부끄러움은 이제 그만! 부처님의 가르침으로 지금 여기의 나와 세상을 바꿔 나가는 건강한 흐름을 일으켜 보지요. "핵폭탄이면 뭐하니? 불발탄인데!" 하는 말이 어느 누구의 입에서도 나올 수 없도록!

8장

연꽃은 진흙 속이라야
피어난다네

불도품(佛道品)

불도품의 주요 내용

문수사리보살이 또 묻는다.

"어떻게 하는 것이 불법을 성취하는 길을 가는 것일까요?"

유마거사가 답한다.

"'길 아닌 길'을 따를 때 불법을 성취하는 길을 따르는 것이지요."

어허, 이건 또 무슨 말씀이신가?

고정불변의 길을 고집하는 것이 잘못이라는 말씀?

"'정해진 법이 없음'[無有定法]을 아뇩다라삼먁삼보리라 한다"는 말을 다르게 표현하신 건가요?

유마거사가 친절하게 설명해 준다.

이것은 더러운 곳이요, 이것은 가서는 안 될 곳이라는 분별을 놓아라.

중생을 위해서라면 어떤 곳이라도 들어가고,

그곳에서 참된 길을 열어 가야 하는 것이다.

그것이 바로 동사섭(同事攝)의 길이다.

이번에는 유마거사가 문수사리보살에게 묻는다.

"여래의 씨앗이 되는 성품은 무엇인가요?"

문수사리보살도 유마거사에 물드셨나?

역설적이면서도 충격적인 답이 나온다.

"모든 삿되고 거짓되고 악한 것들의 씨앗이 되는 성품이

바로 여래의 씨앗이 되는 성품입니다."

다시 말한다.

"모든 번뇌를 완전히 벗어 던져 버린 자는

오히려 아뇩다라삼먁삼보리의 마음을 낼 수 없습니다."

비유를 들어 말한다.

"우트팔라 꽃이라든가 파드마 꽃 등의 진귀한 꽃들은

낮고 습한 진흙 속에서야 피어나는 것과 같지요."

익숙한 표현을 빌리자면

"연꽃은 진흙 속에서 피어나지만 진흙에 더럽혀지지 않는다"

가 아니다!

"연꽃은 진흙 속이라야 피어난다"이다!

만세! 이 더럽다는 사바세계야말로

부처를 이룰 수 있는 필수조건이라네!

이 문답을 들은 마하가섭

한편으로는 찬탄을 하면서도 한편으로는 탄식을 한다.

자기들처럼 번뇌를 완전히 여의어 버린 아라한들은

부처를 이루는 아뇩다라삼먁삼보리의 마음을 일으킬 수 없다
고….
다시 말하면 부처의 종자를 썩혀 버렸다고!
아니, 그럼 가섭존자 같은 성문들은 부처가 못 된다는 말씀인
가요?
(쉬잇! 부처님께서 살짝 뒷문으로 불러
비밀한 길을 열어 주실 터이니 걱정 마세요.
세 군데서 마음을 전한 비밀한 길이 또 있거든요.)

보현일체색신이라는 보살이 유마거사에게 부모와 처자,
그리고 모든 권속들은 어디 있느냐고 묻는다.
문수사리보살이 시자[시중드는 사람]는 어디 있느냐고 물으셨
던 것의 뒷 질문.
이에 대해 유마거사는 멋있는 게송으로 응답하신다.
"지혜바라밀이 어머니요 훌륭한 방편은 아버지이며 …
미묘한 기쁨은 아내가 되고 대비심은 딸이라네…."
훌륭한 유마거사, 그리고 수많은 권속들!
그 대승의 집안 길이 길이 번성하리니!

『유마경』은 한 품 한 품이 모두 신선하고도 충격적인, 대승의 근본을 단적으로 드러내는 이야기들로 가득 차 있습니다. 지난 「관중생품」(현장 역에서는 「관유정품」)에 나오는 천녀의 이야기는 그 가운데서도 대승의 근본정신을 드러내면서, 우리 현실의 문제에 대하여도 근본적 관점을 제시하는 것이었지요. 그것이 우리 현실을 바꿀 수 있는 핵폭탄급의 파급력을 가졌다는 것도, 그런 핵폭탄급의 이야기를 불발탄으로 만들어 온 우리 불자들의 부끄러움이 있다는 것도…. 모두 인정하실 만하지요? 그리고 그런 부끄러운 역사를 되풀이하지 않고, 부처님의 말씀으로 나 자신과 세상을 바꾸어 나가는 불자가 되기로, 모두 다짐하셨지요?

그런 다짐을 하신 여러분께 『유마경』은 계속 충격적인 소식들을 전해 옵니다. 이번 이야기 「불도품」(佛道品)에서도 천녀 이야기 못지않은 충격적이고 활발발한 대법문이 펼쳐집니다. 그중에 하나를 미리 풀어놓고, 그것을 실마리로 삼아서 나가 볼까요?

앞의 요약에서 말했듯이 "연꽃은 진흙에서 피어나지만 진흙에 더럽혀지지 않는다"가 아니라, "연꽃은 진흙 속이라야 피어난다"라는 말, 저는 이 말에서 참으로 큰 감명을 받았습니다. 이 책의 서두에서도 잠시 꺼냈던 이야기지요. 물론 『유마경』의 이 대목에서는 연꽃이 아니라 우트팔라 꽃, 파드마 꽃, 쿠무다 꽃, 푼다리카 꽃이라는 이름을 열거하지만 귀하고 아름다운 꽃이라는 의미에서 연꽃이라는 이름으로 바꿔도 문제는 없을 겁니다. 가벼운 이야기 같지만 참으로 우리 세상을 보는 근본적인 시각, 그리고 우리가 자신을 닦아 나가는 자세와 방법에 획기적인 전환을 일으킬 수 있는, 정말로 핵폭탄급의 파급력이 이 말 속에는 숨어 있다고 생각합니다. 그리고 그 엄청난 의미를 제대로 밝히자면 앞뒤를 제대로 밝혀야 하고요.

'길 아닌 길'이 불법 성취의 길

우선 앞부터 밝혀 보겠습니다. 이야기의 실마리는 문수사리보살이 '불법을 성취하는 길'을 묻고 그에 대해 유마거사가 '길 아닌 길'을 제시하는 것에서 시작합니다. '길 아닌 길'! 참으로 역설적인 표현이지요? 정해진 길로는 다니지 말고, 없던 길을 새로 만들며 가라는 뜻일까요? 혹시 이 말에 따라서, 산속에서 길 아닌 길을 찾아가다가, 조난이라도 당하면 어떡하나요? '군자대로행'이라는 말과는 반대되는 말 아닌가요? 이런 여러 가지 물음이 나올 수 있겠지요? 그런데 아무리 물음표 붙이는 게 중요하다 해도, 여기서 그러다간 끝이 없겠네요. 그 말을 한 유마거사가 친절하게 해설해 주고 있으니 그 말을 들어 보는 게 먼저겠지요? 유마거사는 이렇게 말합니다.

> 보살들은 … 축생의 길로 다시 들어가더라도 모든 어둠과 무명을 벗어나며…. 세간의 모든 번뇌의 길에 다시 들어가도 성품이 청정하여 끝내 오염되지 않고…. 온갖 사도에 다시 머물더라도 정도로 세간을 제도하고….

한마디로 말해서 못 갈 곳이 없고, 어느 곳에 가더라도 그곳에서 바른 길을 찾아 따른다는 말씀입니다. 아주 당연한 말씀이지요. 어느 곳에 가더라도 중심을 잃지 않는다. '수처작주'(隨處作主)라는 말의 뜻도 바로 그런 것 아닐까요? 그런데 그런 당연한 말씀을 왜 이렇게 힘주어 하시는가, 그 상황이 문제겠지요. 아마도 소승의 작은 규모를 비판하는 뜻이 담겨 있다고 생각해야 할 것 같아요. 우리 인생살이의 모습은 얼마나 다양한가요? 깨끗하기만 할 수도 없고, 소설보다도 더 소설 같은 온갖 일들이 벌어지는 현장이 바로 우리의 삶이지요. 소승은 그런 삶의 모든 영역을 수행의 마당으로 삼지 않고, 더러운 곳이나 법답지 못한 곳은 피하고 제쳐놓는 모습을 보였던 것이지요. 그것을 대승의 기치를 높이 든 유마거사가 질타하는 것이라 보아야 할 것 같습니다. 더럽고 깨끗한 것을 분별하지 말아라! 어느 곳에 가더라도 자신을 성숙시키고 중생을 제도하는 그 길을 열어야 한다! 그것이 '길 아닌 길'을 따르라는 의미라 하겠습니다. 그렇게 해야만 진정으로 불법을 성취시킬 수 있다는 것이지요.

연꽃은 진흙 속이라야 피어난다네

이런 유마거사의 멋진 이야기가 있은 뒤, 이번에는 유마거사가 다시 문수사리보살에게 묻습니다. 불법 성취의 가능성이라 할 수 있는 여래가 될 성품은 어떤 것이냐고요. 그리고 바로 여기에서 앞에서 말한 문수사리보살의 사자후가 터져 나오는 것입니다. 유마거사의 사자후에 메아리처럼 응답하는 문수사리보살의 사자후인 셈이지요.

> 모든 무명과 삶에 대한 애착이 바로 여래의 종성(種性)이며,
> 탐진치(貪瞋癡) 삼독심의 종성이 바로 여래의 종성이며….
> 온갖 잘못된 견해와 악한 법, 착하지 못한 법들이 가진 종성

이 바로 여래의 종성입니다.

쉽게 말해 볼까요? 우리가 악하다, 더럽다, 잘못되었다 하
는 것들에 숨겨져 있는 가능성이 바로 부처를 이루는 가능성이
라는 것입니다. 그리고 그것을 비유적으로 말하여 "연꽃은 진
흙 속이라야 피어난다"고 하는 것이지요. "연꽃은 진흙 속에서
피어나지만, 진흙에 더럽혀지지 않는다"는 말과는 엄청난 차이
가 있다는 것을 아시겠지요? 우리들, 그리고 우리 세상의 온갖
추악하고 저열한 모습들. 그것에 숨어 있는 가능성이 바로 부
처를 이루는 가능성이라는 것이지요. 그리고 그것을 저열하다
고 무시하고 없애고 제쳐놓는다는 것은 부처를 이룰 가능성 자
체를 없앤다는 것입니다.

매우 어렵고도 심오한 이야기 같지만 실제로는 불교의 근
본 가르침이 바로 그렇습니다. 조금 다른 예를 통해 말해 볼까
요? 불교의 목표는 괴로움을 벗어나 열반을 이루는 것이지요?
부처님의 가르침이 아무리 많다 해도 네 가지 거룩한 진리, 사
성제(四聖諦)를 벗어나지 않는다는 것도, 불자라면 모르는 사
람이 별로 없지요. 괴로움의 진리, 괴로움의 원인의 진리, 괴로
움의 소멸의 진리, 괴로움을 없애는 길의 진리, 그것이 바로 사
성제입니다. 그런데 우리가 없애려고 하는 괴로움의 영역을 한

번 살펴볼까요? 생로병사의 괴로움은 누구나 쉽게 알 수 있는 괴로움입니다. 슬픔과 불안, 그것들이 괴로움의 진리에 속한다는 것은 말할 필요가 없겠지요. 그런데 좀 세밀하게 들어가 보지요. 우리가 정진하여 해탈하려는 마음을 낸다면, 그 마음은 괴로움의 영역에 있는 것일까요, 아닐까요? 높은 선정 속에서 얻어지는 지극한 평화로움은 괴로움에 속하는 것일까요, 아닐까요? 부처님에 대한 깊은 신앙은 괴로움에 속하는 것일까요, 아닐까요? 아뇩다라삼먁삼보리심은 괴로움의 진리에 속하는 것일까요, 아닐까요?

모두가 괴로움의 진리에 속합니다. 그것들 또한 영원한 것이 아니며, 어떤 조건에 의지해 있는 것이며, 변한다는 점에서 괴로움의 진리에 해당합니다. 그것들은 매우 바람직한 것이며, 그것들을 통해 괴로움을 없애고 열반에 이를 수 있지만, 역시 괴로움의 진리에 속하는 것입니다. 그러니까 역설적으로 말하면 괴로움을 없애는 가능성도 바로 괴로움에 속하는 것들에게서 나온다는 말이지요. 보조 지눌 스님이 말했던가요? 땅에 걸려 넘어진 자는 땅을 짚고 일어선다고.

그런데 이런 수많은 괴로움의 진리에 속하는 것들에 대하여 분별을 일으켜서, "이쪽은 깨끗하고 선한 것이니까 키우고, 이쪽은 더럽고 악한 것이니까 없애 버려야 한다"고 생각하고,

그런 생각을 바탕으로 수행하고 정진한다면 어떻게 될까요? 잘 될 것 아니냐고요? 아닙니다. 절대로 아닙니다. 이미 저것은 나쁜 것이고 그 나쁜 것이 참으로 있다는 생각을 일으키는 것 자체가 잘못된 방향성을 가지는 것이라서 오히려 번뇌를 늘리고 수행에 장애를 가져옵니다.

　쉬운 예를 하나 들어서 말해 볼게요. 불교 문중에 있다 보면 "욕망을 없애라"라는 이야기를 많이 들으시지요? 그런데 욕망을 없애면 무슨 힘으로 살아가나요? 욕망을 더러운 것, 악한 것으로 못 박고 그것을 없애려고 하면, 자칫하면 삶의 원동력 자체가 사라져 버립니다. 그러면 어째야 하나요? 그저 욕망에 충실하며 살라는 말인가요? 그래선 안 되겠죠. 서원을 바로 세워야 합니다. 서원이 우리 삶을 이끌고 가도록 해야지요. 그것이 바로 불자의 근본이라고 할 수 있습니다. 그런데 욕망은 없애고 서원은 키워 나가는 그런 구조인가요? 그렇지 않습니다. 욕망의 힘이 서원의 힘으로 전환되는 것입니다. 불법의 올바른 눈을 뜨면 자연스레 욕망이 서원으로 전환된다는 말입니다. 아집에 매달려 나를 중심으로 모든 것을 소유하려던 욕망이, 나와 이웃, 국가와 사회, 나아가 온 중생이 함께 잘되는 큰 목표를 향해 나가는 힘으로 전환되는 것, 그것이 바로 서원입니다. 그런데 그렇게 생각하지 않고 욕망은 없애고 서원은 키운다? 그

건 서원을 일으키는 힘마저 소멸하는 것입니다. 애초에 둘이
아닌 거지요.

마하가섭이 바로 이런 유마거사의 말을 증명합니다. 앞에
서 앞뒤를 밝힌다 하였는데, 마하가섭의 말이 바로 뒤를 밝히
는 것이 되는 셈이네요.

"생사를 일으키는 온갖 번뇌의 종성이 바로 여래의 종성
입니다…. 그런데 (우리 아라한들은) 생사윤회의 씨앗이 완전히
썩어서 아뇩다라삼먁삼보리의 마음을 절대로 일으킬 수 없습
니다. 차라리 극악한 업을 지을지언정 우리처럼 완전히 해탈한
(번뇌를 끝내 버린) 아라한이 되어서는 안 됩니다…. 우리처럼
번뇌를 완전히 없앤 아라한들은 영원히 그럴 수가 없습니다(아
뇩다라삼먁삼보리의 마음을 일으킬 수 없습니다)."

번뇌를 없애야 한다는 방향으로 수행을 한 아라한들은 성
불할 수가 없다! 부처 될 마음을 일으키는 힘 자체가 소멸되어
버렸다! 참으로 얼마나 가차 없는 표현입니까? 부처와 같은 것
으로 여겨지던 아라한과 부처를 완전히 다른 위상에 놓고, 소
승적인 수행에 매달린 아라한들은 부처 될 수 없다고 극언을
한 것이지요. 아라한의 입을 통해 아라한의 문제를 드러내는
대목이랄까요?

그런데 앞에서 계속 『유마경』의 구도를 말했지요? 십대제

자를 비롯한 아라한들은 바로 소승의 문제점을 드러내는 역할을 맡고 있다고요. 사리불이나 마하가섭이나 아난이나 실제로 여래의 종성이 썩어서 부처 못 되는 그런 분들이겠어요? 단지 그분들의 입을 빌리고 그분들의 못난이 역할을 통해 당시 불교의 문제점, 즉 『유마경』에서 소승이라 불리는 불교를 비판하고 있는 것일 뿐이라고 보아야 할 것입니다, 다시 말하지 않아도 알고 계신 거죠?

아무튼 우리도 큰 자긍심을 가지고 불도를 이루어 나가야 합니다. 나의 못난 모습이 바로 여래의 종성이라고 바로 보고, 그것을 실현하는 수행에 힘있게 나서야 합니다. 오탁악세라고 하는 이 세상이야말로, 바로 거기에서만 깨달음의 연꽃이 피어나는 곳입니다. 우리는 그렇게 번뇌와 추악함을 자양으로 삼아 피어나는 연꽃이어야 합니다.

이렇게 큰 힘을 주는 「불도품」은 유마거사의 빛나는 게송으로 아름답게 마무리됩니다. 보현일체색신이라는 보살의 '당신의 처자권속은 어디 있느냐'는 물음에 답한 유마거사의 게송을 몇 구절 감상하는 것으로 「불도품」의 이야기를 마치기로 하지요. 상징성과 문학성을 듬뿍 지닌 게송들이지요. 그것을 가족 관계를 중심으로 짜깁기해 본 것입니다. 유마거사의 주민등록열람(?)이 되는 셈인가요?

청정한 보살에겐 지혜바라밀이 어머니요

훌륭한 방편이 아버지이니

세간의 참된 스승들은

모두 이 지혜와 방편에서 나온다네

미묘한 법의 기쁨은 아내가 되고

대자비심은 딸이 되며

진실한 법과 진리는 아들이고

공(空)의 뛰어난 뜻을 생각하는 것이 집이라네

여섯 바라밀은 권속이고

사섭법은 기녀이니

결집된 바른 법의 말씀들

미묘한 음악으로 여기노라.

9장

둘이 아닌 진리

입불이법문품(入不二法門品)

입불이법문품의 주요 내용

문수사리보살이 여러 보살들에게 청한다.
'둘이 아닌 진리'[不二法門]에 깨달아 들어가는 길을 말해 달라고.
법자재보살, 덕수보살, 불순보살 등의 여러 보살이
그에 관하여 이야기한다.
참으로 다양한 상대적인 것들, 즉 둘인 것들이 말해진다.
'나'와 '내 것', '취함이 있음'과 '취함이 없음',
'더러움'과 '깨끗함', '선'(善)과 '불선'(不善), '세간'과 '출세간',
'생사'와 '열반' … 기타 등등, 기타 등등.
다양한 이분법적인 사고들을 예로 들면서
그 대립적인 것들을 뛰어넘어
둘이라는 대립이 없는 진리에 깨달아 들어가는 길을 설파한다.
우리 세상의 모든 대립적인 틀들이 여기 모두 나오네!

마지막으로 문수사리보살이 말한다.
여러분들이 말한 것들에는 여전히 둘이라는 낱말이 남아 있네요.
그것조차 넘어서야 합니다.

말하거나 설할 것도 없고 명시하거나 가르칠 것도 없어야

모든 대립의 논쟁을 벗어나서

둘이 아닌 진리에 깨달아 들어가는 것입니다.

그러고는 마지막으로 유마거사에게 말씀을 청한다.

유마거사의 응답.

"…"

말씀 없음으로 응답을 하시네.

문수사리보살 크게 찬탄한다.

당신 유마거사의 침묵이야말로

모든 언어와 분별을 넘어선 '둘이 아닌 진리'를

가장 잘 드러낸 것입니다!

이 두 분 큰 스승, 손발이 척척 맞으시네.

모든 말과 분별을 넘어서야 한다고 말씀하시는 분!

침묵으로써 그것을 그대로 드러내 보이시는 분!

여러 보살들의 이야기로 분위기를 만들어,

마지막 정점을 찍기 위한 무대장치 멋지게 조성하시곤

위대한 침묵, 천둥소리보다 더 큰 울림을 내는 침묵으로

'둘이 아닌 진리'를

정말 멋지고 멋지게도 드러내셨네!

왜 둘이 아니어야 하는가?

둘이 아닌 진리에 깨달아 들어가는 길을 설한 「입불이법문품」 (入不二法門品)은 『유마경』 전체에서도 가장 짧은 품에 속합니다. 그러면서도 『유마경』의 핵심이라고 말해지는 품이기도 하지요. 『유마경』의 장대한 흐름이 여기에서 절정을 맞는다고나 할까요? 앞에서 간단히 줄였듯이 유마거사의 침묵으로 느낌표를 "쾅!" 찍는 느낌을 주는 것이 바로 이 품이지요. 아니 "쾅!" 한 번으로는 형용이 안 되겠네요. "쾅과과과쾅!" 정도라고 해야 할 것 같습니다. 지금까지 살펴봤던 『유마경』의 흐름은 얼마나 도도합니까? 유마거사의 말씀은 얼마나 휘황찬란합니까? 그 뛰어난 변재에 우리는 얼마나 감탄을 해왔던가요? 그런 유마거사가 말 없음으로 그 휘황찬란하고 도도한 변설의 마무리를 하는 것 또한 『유마경』답지 않습니까? 정말 『유마경』을 하나의 문학작품으로 봐도 더 이상 빼어난 작품을 찾기 어려울 만큼 뛰어나다고 생각됩니다.

그럼 유마거사의 그 위대한 침묵에 이르는 과정을 한번 더듬어 볼까요? 그냥 불쑥 침묵이 나왔다면 그것은 뻘쭘한 침묵에 불과할 것이니까요. 그 침묵을 위대한 침묵으로 만드는 그 과정 또한 중요하다는 것이지요. 시작은 문수사리보살의 물음에서부터입니다. 여러 보살에게 '둘이 아닌 진리'에 깨달아 들어가는 길을 묻지요. 그리고 여러 보살이 그에 대해 이야기를 합니다. 여러 가지 둘로 나누어지는 상대적인 차별을 말하면서 그것을 넘어서는 것이 중요하다는 것을 설파하는 것입니다. 앞의 요약에서 보았듯이 그 상대적인 차별들은 참으로 다양합니다. '나'와 '내 것', '취함이 있음과 취함이 없음', '더러움'과 '깨끗함', '선'(善)과 '불선'(不善), '세간'과 '출세간', '생사'와 '열반'…. 정말 중요한 주제들이 등장하지요? 그렇지만 또 그 주제들만 있겠어요? 우리 세상에서 보는 여러 가지 상대적 차별들도 다 여기에 그대로 대입해 볼 수 있지 않을까요? 그런 상대적 차별성을 넘어서 절대 평등의 진리로 들어가는 것이 바로 '둘이 아닌 진리'로 깨달아 들어가는 것입니다. 그리고 여러 보살이 그 여러 가지 길들을 들어 보여 준 것이지요.

그런데 여기서 우리는 물음표를 붙여 봐야 하겠습니다. 이 품은 굉장히 추상적인 이야기들로 가득 차 있기에 그냥 감탄하다 보면 정말 공허한 말놀음에 그칠 위험이 있거든요. 그래서 자주 물음표를 붙여 가면서 그 공허함에 빠지지 않는 조심스러운 발걸음을 디뎌 보도록 하지요. 우선 첫번째 물음표. 왜 그 '둘이 아닌 진리'로 깨달아 들어가야 하나요? 그냥 차별이 있는 세계, 그 차별 그대로 두면 되지 왜 굳이 그 어려운 진리라는 걸 내세우면서 그것을 깨달아 들어가라 하느냐는 거지요. 그에 대하여는 두 측면에서 설명을 해야 할 것 같습니다.

우선 근본적이고 원리적인 측면에서 말하자면 상대적 차별성은 진실이 아니며, 그 진실 아닌 것에 매달리면 수행을 할 수도, 부처를 이룰 수도 없다는 것입니다. 부처와 중생의 차별이 참으로 있는 것이라고 해보세요. 깨달음과 번뇌의 차별이 참으로 있는 것이라 해보세요. 부처는 영원히 부처, 중생은 영원히 중생입니다. 중생이라는 것이 실재성을 가진다면 그것을 벗어날 길도 없지요. 번뇌가 실재성을 가진다고 하면 그 번뇌는 어찌 없애나요? 열반의 세계는 우리와 전혀 관계없는 세계가 되는 것이기도 하지요. 그러한 구별이 본디 없는 것이기에, 번뇌는 번뇌가 아니고 그 이름이 번뇌일 뿐이기에, 중생은 중생이 아니고 그 이름이 중생일 뿐이기에, 부처는 부처가 아니고 그 이름이 부처일 뿐이기에…. 그것이 진리이기에 그 진리를 깨달아 들어가는 것이 우리가 참된 존재로 거듭나는 첫걸음일 수밖에 없습니다. 그것을 제대로 알지 못하면 아예 발걸음을 떼어 놓을 수도 없는 것이란 말씀이지요.

한 걸음 더 나가 그다음의 측면을 말해 볼까요? 우리는 상대적 차별성을 단순히 상대적 차별성이라고 지적(知的)인 측면에서만 인식하는 것이 아닙니다. 우리는 우리의 입장에서 그 상대적 차별성에 대하여 가치를 부여하지요. 다른 말로 하면 집착을 일으킨다는 말입니다. "이것은 좋고 저것이 나쁘다. 이것은 아름답고 저것이 추하다. 이것은 깨끗하고 저것은 더럽다." 앞에서 예를 들었던 상대적인 것들 가운데 많은 것들이 이런 것들이죠? 그렇게 집착을 일으킵니다. 그런데 그런 집착을 일으키는 주체인 나라는 존재가 상대적인 입장에 서 있을 수밖에 없다는 것이 문제입니다. 나와 다른 남의 입장이 있기에 나의 시각과 판단은 언제나 상대적일 수밖에 없습니다. 장자(莊子)는 이렇게 말하지요. "모든 것은 저것이 아닌 것이 없고, 또 이것이 아닌 것도 없다. 저것의 입장에서는 보이지 않고 나의 입장에서 보면 알 수가 있다. 그래서 저것이라는 것은 이것에서 나오고 이것이라는 것 또한 저것에서 나온다." 그런데 우리는 이렇게 모든 것이 상대적이라는 것을 잊고, 자기의 입장만을 고집하기 쉽습니다. 그러면서 다른 사람의 시각과 주장을 비난하고 그릇되다 하지요.

그렇게 되면 어떻게 될까요? 정말로 갈등과 분쟁이 가득한, 그야말로 아비규환의 세상이 펼쳐지는 것입니다. 지금 우리가 겪고 있는 상황이 바로 거기에 가깝지 않을까요? 『유마경』에 나오는 상대적 차별들이 좀 더 구체화되고, 우리들의 집착이 덧붙여져서 나오는 수많은 차별성이 극단적으로 나타나고 있는 것이 아닐까 싶습니다. '보수'와 '진보', '남자'와 '여자'의 평등과 차별, '자유'와 '평등', '있는 자와 없는 자', '사용자와 피사용자' 등의 갈등도 결국 그 뿌리를 거슬러 살펴보면, 둘에 매달리고 그것을 정말 있는 것으로 여기는 집착에서 나오는 것입니다. 그리고 그 결과가 우리 사회를 병들게 하는 양극화의 현상이지요. 둘이 아닌 참된 모습을 알지 못하고, 그 무지에 집착이 덧붙으면 이런 끔찍한 결과가 옵니다. 그러니까 우리는! '둘이 아닌 진리'를 깨달아 들어가야만 하는 것이지요.

하나라고 하면 안 된다네

이렇게 일단 정리하고 다음의 물음표를 붙여 볼까요? "둘이 아니라면 하나라는 말인가?" 이렇게 물어볼 수도 있지 않을까 싶네요. 그리고 그 물음에는 쉽게 "아, 그건 아니야!"라는 답이 나올 수 있을 것 같습니다. 차별성을 뭉개 버리고 하나로 만들려는 것은 획일화라는 다른 하나의 방식을 만드는 것일 뿐이지요. 둘의 차별성이 있던 것에 다시 하나의 차별성을 보태는 것일 뿐이라는 말입니다. 그런 획일화의 입장에서 나오는 것은 전체주의라는 위험한 사상이지요. 다양성이 모여 조화로운 통일성으로 나타나는 것을 부정하고, 그것이 번거롭고 불편하다고 여겨 하나로 획일화하려는 것은 정말 위험하기 짝이 없습니다. 그러니까 하나라고 말해서는 안 되는 것이지요. '둘이 아니다'라고 말하는 것이야말로 그러한 위험을 피하기 위한 아주 온당하고도 조심스러운 표현이라 하겠네요.

그렇다면 다시 또 물어볼까요? '하나'가 아니라고 하면서 둘도 아니라고 한다면 어쩌라는 말인가? 어떤 상대적 차별에 바탕한 주장이 있으면 그것들을 함께 인정하라는 말인가? 둘이라는 것을 부정한다면 둘을 다 인정하면 어떻게 되는가? 이렇게 묻는다면 어떻게 대답하시렵니까? 제가 대답하기보다 여러분들에게 여쭙고 싶네요. "그거 양시양비론(兩是兩非論) 아니야?"라고 하신다면 저는 일단 그런 혐의가 있다는 것에 한 표 던지겠습니다. 그렇지요. "이것도 옳고, 저것도 옳다"라고 하면서 "이것도 이 점에서는 잘못되고 저것도 이런 점에서는 못마땅하다"라고 하는 태도는 얼핏 매우 온당한 것 같지만 매우 문제가 많습니다. 아니 그렇게 객관적으로 보는 것은 좋은데, 그렇게 말하면서 "그러니까 나는 어떤 쪽에도 서지 않겠어!" 하면서 행동을 하지 않으려는 분들이 많다는 것이 문제일까요? 우리 현실은 언제나 행동을 요구하는데, 그런 분들은 '회피'라는 것으로 일관해 버리거든요. 그럼 정말 문제가 됩니다.

그리고 그렇게 적당하게 긍정과 부정을 임의적이고 편의에 따라 써 버리는 분들은 그 내면 자체가 갈등일 수밖에 없는 거지요.

그렇다면 도대체 어쩌라는 말이냐고요? 저도 이 정도 오니까 정말 답이 나오지 않는 것 같습니다. 불이법문(不二法門)이라는 것이 정말 어렵다고 할 수밖에 없나요? 그렇지만 어려운 것을 어렵다고만 하면 안 되겠지요? 불완전하더라도 우리 나름의 답을 찾아봐야지요. 그 실마리를 저는 앞에서도 몇 번 말했던 원효 스님의 말씀에서 찾습니다. 우리가 수행을 한다는 것은 차별이 있는 '생멸문'(生滅門)에서 모든 차별을 여읜 '진여문'(眞如門)으로 나가는 것이라 했던가요? 그런데 '진여문'에 도달하는 순간 '진여문'에는 앉을 자리가 없습니다. '진여문'이 발길로 걷어차지요. '진여'라는 분별도 놓아라! 진여라는 것에 앉으려 한다면 앞에서 말한 '하나'라고 말하는 획일주의적 입장에 빠지게 되는 것입니다. 그래서 진여문에 도달하는 순간 다시 생멸문으로 돌아 나올 수밖에 없지요. 그렇지만 그때의 상황은 생멸문에 빠져 허우적거리던 것과는 전혀 다르다는 것이지요. 괴로움을 낳는 업이 아니라 부사의업(不思議業)을 짓는 존재로 다시 태어나는 것입니다.

'둘이 아닌 진리'에 깨달아 들어가는 것은 바로 원효 스님의 이야기와 거의 같은 맥락입니다. 그러니까 '둘이 아닌 진리'에 깨달아 들어간 이는 상대적 차별을 벗어나되, 다시 상대적 차별의 세계 속에서 노니는 이가 되는 것이라 볼 수 있습니다. 그렇지만 상대적 차별을 모르고 자기의 상대적 관점에 죽자 살자 매달려 양극화의 길을 치닫는 것과는 전혀 다른 모습을 보이는 것이지요. 같은 것 속에서 다름을 알고, 다름을 드러내는 가운데 같음을 아는 커다란 마음을 가지는 것입니다. 이를 바탕으로 옳고 그름을 쓰는 존재가 된다고 해야 할까요? 우유부단한 양시양비론에 빠지지도 않고, 획일적 전체주의도 지양하면서 모든 존재의 다양성 속에서 커다란 조화를 보며, 또 그것을 자신의 힘찬 실천을 통해 구현해 내는 그런 이상적인 존재가 되는 것이라 생각합니다.

그러니까 유마거사의 침묵은 죽은 침묵이 아닙니다. 제가 마지막으로 강조하고 싶은 말이 바로 이것입니다. 그 침묵은 상대적 차별성의 경계를 벗어난 진여를 웅변으로 보여 주는 침묵이지요. 문수사리보살의 말씀은 진여란 진여라는 분별조차 떠난 것임을 말한 것이라면, 유마거사의 침묵은 그것을 확연하게 보여 준 것이라고 말할 수 있겠네요. 그렇다면 남은 것은 무엇인가요? 그 침묵은 다시 생멸의 세계로 뛰어들어 힘있게 부사의업을 지어 가는 활발발한 힘을 함축한 침묵입니다. 현실

속에서 비겁하게 침묵하는 것과는 다르지요. 수많은 언설과 시비(是非) 속을 자유롭게 노닐면서도 거기에 집착하거나 걸림이 없는 대자유의 침묵인 것입니다.

유마거사의 침묵을 찬탄하면서, 또 침묵의 의미를 드높게 선양하신 문수사리보살을 찬탄하면서, '둘이 아닌 진리'에 깨달아 들어가는 길을 힘차게 걸어갈 여러분을 찬탄하면서 오늘 이야기 마칩니다.

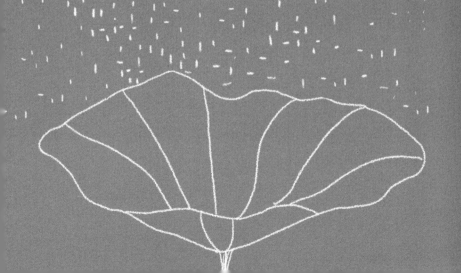

10장

우리는 무엇으로 사는가?

향적불품(香積佛品)

향적불품의 주요 내용

못난이 배역으로 고정되셨나?

사리불이 생각한다.

"보살님들, 법을 설하고 나서도 일어서지를 않네.

금강산도 식후경이라는데 식사는 언제 하지?"

유마거사가 말씀하신다.

"아까는 자리를 찾으시더니, 이제는 먹을 걸 찾으시나요?

잠깐 기다리세요. 정말 귀한 음식을 대접할게요."

그러고는 중향세계라는

온갖 향기로 가득 찬 세계를 신통력으로 보여 주시고

그 세계의 음식을 대접하겠다고 한다.

유마거사, 신통으로 화신(아바타)을 만들어 내어

(우리가 아바타를 인터넷 세계로 파견하듯이?)

그 세계로 보낸다.

그 세계의 부처님인 향적여래께 예배드리고

이 사바세계에 음식 베풀어 주시기를 청한다.

중향세계의 보살들이 모두 놀라 향적여래께 여쭌다.

"이 보살은 어디서 온 것인가요? 사바세계라는 곳은 어떤 세

계인가요?"

향적여래께서 사바세계를 알려 주신다.

"하나의 불세계가 있는데 그 이름이 사바란다.

석가모니불께서 머무시면서

쾌락만을 좇는 근기 낮은 중생들을 제도하고 계시지."

그러곤 화신보살에게 음식을 내려주시는데

호기심이 동한 중향세계의 보살들

사바세계에 가 보기를 청한다.

향적여래께서는 그들의 사바세계 방문을 허락하시고

여러 주의사항 일러 주신다.

"가거든 그대들 모습 너무 드러내 잘난 척하지 말고

그 세계 중생들을 깔보지도 말거라.

모든 불국토는 본디 차별 없이 청정한 것이야."

그리하여 유마거사 방에

중향세계의 보살들까지 가득하게 되니

한량없는 미묘한 향기가 널리 퍼져 나가

수많은 천신들까지 그 향기에 이끌려 온다.

그리하여 유마거사 방에서

스님, 보살, 천신들이 함께하는

중향세계 음식 공양이 벌어진다.

근기 낮은 성문이 걱정한다.

"이 적은 음식으로 이 많은 사람들을 먹일 수 있겠나?"

유마거사 화신보살이 일러 준다.

"이 음식은 진리의 음식이니

아무리 많은 사람이 먹어도 절대 동나지 않는다오."

모든 대중이 향기 음식을 먹는다.

몸이 편안해지고 털구멍에서 미묘한 향기가 난다.

유마거사는 중향세계의 보살들에게 향적여래의 가르침을,

중향세계의 보살들은 유마거사에게

석가모니 부처님의 가르침을 알려 달라고 청하니

두 세계의 가르침에 대한 정보 교환이 이루어지네.

중향세계는 말이 아니라 향기로 가르치는 곳이라는 것이

알려지고

이 사바세계는 중생들의 근기가 낮고 억세어

한량없는 방편의 법문으로 교화하는 것임이 알려지네.

중향세계의 보살들,

석가모니 부처님이 너무도 힘든 교화를 하시는 것 찬탄하니 유마거사는 다시 이 세계의 가르침을 자상하게 일러 준다.

두 세계의 정보 교환이 원만하게 이루어지니,

우주적인 경사로구나.

진리에 대한 이야기도 밥을 먹은 뒤에?

유마거사가 그 찬란한 변재를 침묵으로 마무리했습니다. 그 침묵은 참으로 어떤 웅변보다도 무거운 울림으로, 수천 년의 불교 역사를 거쳐 지금 우리 가슴에까지 전해져 옵니다. 이제 우리는 유마거사의 그 찬란한 변재가 침묵으로부터 나온 것을 압니다. 그러니까 유마거사의 말씀은 바로 '침묵의 소리'라고 할 수도 있지 않을까요? 이렇게 말하면 저와 비슷한 세대의 분들은 바로 사이먼 앤 가펑클(Simon And Garfunkel)이 부른 「더 사운드 오브 사일런스」(The Sound of Silence)라는 노래가 떠오를 것도 같네요.

자, 본 줄기로 돌아가지요. 『유마경』에서 소승의 열등함을 대변하는 역할을 맡아 왔던 사리불이 계속 그 배역에 충실하면서 새로운 이야기의 물꼬를 틉니다. 사리불은 참으로 인간적인 생각, 꼭 제가 잘하는 그런 생각을 하네요. "밥은 언제 먹나?"라는….

유마거사는 사리불의 생각을 바로 알아차리고는 "먹는 것에 마음을 뺏겨 바른 진리 듣는 것을 소홀히 한다"라고 나무랍니다. 그러면서도 나무람에 그치지 않고 "음식을 먹고 싶다면 대접을 하겠다"라고 합니다. 그러고는 세상에서 가장 훌륭하다

할 수 있는 음식을 소개하지요. 바로 중향(衆香)세계의 음식입니다. 중향세계는 '향기의 세계'라고 할 수 있는 곳입니다. 우리 세계의 위로 42개의 갠지스강 모래 수만큼의 세계를 지나서 있는 곳이라네요. 그곳의 부처님은 '향적여래'(香積如來)라는 분이시고요. 그 세계는 오묘한 향기로 충만해 있으며, 모든 것들이 각각 최상의 향기를 냅니다. 그러니 자연 음식도 최상의 향기를 품은 음식일 수밖에 없지요. 그 세계에 가서 음식을 얻어 올 보살을 찾지만, 아무도 나서지 않아 결국 유마거사가 화신(化身)을 만들어서 그 세계로 보내 음식을 얻어 옵니다. 여기서 화신이라는 말은 범어의 '아바타'(Avatar)를 번역한 것입니다. 여러분에게도 친숙한 말이지요? 인터넷이나 컴퓨터 게임 등에서 자신이 조작하는 분신을 '아바타'라고 하잖아요? 그것이 바로 화신입니다. 그러니까 우리 시대의 모든 이들은 화신을 부리는 신통력을 가졌다 할 수도 있겠네요.

아무튼 향기의 세계로 파견된 유마거사의 화신은 훌륭한 모습과 처신으로 그 세계 불보살들의 찬탄을 받으며, 무사히 향적여래로부터 음식을 얻어 옵니다. 아니 음식만 얻어 온 것이 아니에요. 그 세계 보살들이 와르르 함께 몰려옵니다. 자그마치 구백만의 보살들이 와르르 오셨다네요. 그렇지만 전에 사자좌 빌려왔을 때와 마찬가지로 이 세계와 전혀 충돌이 없이,

유마거사의 방에 넉넉하게 다들 들어오셨답니다.

여기서 잠깐! 그 아득히 먼 세계가 갑자기 이 세계와 교통을 하고, 그 세계와 이 세계가 겹쳐짐에도 두 세계가 전혀 서로 방해를 받지 않는다는 이야기를 그냥 감탄만 하고 넘어가서는 안 될 것 같습니다. 우리 나름대로 이해하는 고리를 찾아봐야 하겠네요. 쉬운 예를 들어서 말해 보기로 하지요 우리 인간이 사는 세계와 개나 고양이, 나아가 지렁이가 사는 세계는 같은 세계일까요?

그렇게 쉽게 보아서는 안 될 것 같아요. 중생들의 업식에 나타나는 세계는 각각 다르다고 볼 수 있지 않을까요? 우리가 물이라고 하는 것은 아귀에게는 불이 된다고 합니다. 물이라는 것이 객관적 사실인데, 아귀는 왜 불로 느끼는 것일까요? 아니면 아귀의 세계와 나의 세계는 전혀 다른데 어떤 접점을 통해 같은 공간에 있는 것으로 인식하는 것일까요? 매우 어려운 이야기가 되는 것 같지만, 불교에서는 각각의 중생이 인식하는 세계는 각각 다른 세계라는 관점을 수용하고 있으며, 같은 공간에서 인식하는 접점을 공업(共業)이라 부르는 것 같습니다. 그렇게 보면 이 세상이라는 것은 객관적으로 하나의 세계에 모든 중생이 들어 있는 것이 아니고, 모든 중생이 각각의 업식에 따라 자신들의 세계를 드러내고 있다고 할 수도 있지요. 우리

중향(衆香)세계에서 음식을 얻어 오는 유마거사의 화신(맨 왼쪽)(둔황 막고굴 벽화 부분).

가 사는 세계는 욕계(欲界)라고 하지요? 욕망이 중심이 되는 세계라는 뜻입니다. 우리는 욕망을 중심으로 해서 세계를 구성하지요. 끝없이, 욕망과 연결된 관심을 통해 자신의 세계를 얽어 나가는 것입니다. 그런 점에서 본다면 각 개인도 각각의 욕망에 따라 다른 세계를 살아가는 것은 아닐까 생각되기도 합니다. 나는 나대로, 너는 너대로, 각각의 욕망을 중심으로 세상을 구성하고 있잖아요? 누에가 고치를 짓듯이 제 세상을 얽어 놓고, 그 속에 들어앉는 군상들…. 그것이 우리 모습이 아닐까 하는 생각이 드네요. 상상하면 좀 우스운 모습이군요.

아무튼 그런 식으로 본다면, 각각 다른 중생의 업식에 따라 각각 다른 무수한 세계가 끝없이 겹쳐져 있다고도 할 수 있는 거죠. 예를 들어, 지렁이의 세계와 인간의 세계가 한 곳에 나타나고 있는 것이지요. 그렇지만 그 거리가 가까운 것은 절대 아닙니다. 우리의 세상과 지렁이의 세상의 거리…. 그것도 42개의 갠지스강의 모래 수만큼의 세계를 건너야 하는 거리에 있는 건 아닐까요? 우리가 지렁이의 세계에 도달하기란 그렇게 어렵다는 말이지요. 그러나 부처님이나 유마거사 같은 분에게는 어떨까요? 그분들은 우리의 업식과 지렁이의 업식 모두를 꿰뚫어 볼 것 같아요. 그러니까 한꺼번에 뛰어넘을 수도 있을 것 같습니다.

너무 추상적으로 이야기가 나가네요. 말하는 제 고개가 갸우뚱할 정도면 듣는 분들이야 어떨까 생각되어 여기서 중지! 그렇지만 역시 우리들 나름대로 쉽게 이해하는 고리는 하나 남겨야죠. 혹 다른 사람의 세계를 깊이 이해하고, 진정 그 세계에 도달했다고 느껴질 때가 있습니까? 그러기 위해선 얼마나 노력을 해야 하나요? 내 정신세계가 얼마나 확장되어야 남의 세계에 닿을 수 있을까요? 피상적인 이해가 아니라 진정으로 같은 세계를 공유했다고 느낄 정도가 되려면…. 공간적으로 그것을 표현하면 42개의 갠지스강 모래 수만큼의 세계를 넘어야 하는 것 아닐까요?

중향세계의 음식과 함께 중향세계의 대중들도 왔다네

아무튼 유마거사의 화신은 그 아득한 거리를 뛰어넘어 중향세계로 가서 최상의 향기를 지닌 음식을 얻어 왔습니다. 그리고 그 세계의 보살들도 와르르 이 세계를 방문했습니다.

그런데 한 성문이 다시 의심을 냅니다. "이 적은 음식으로 어떻게 이 많은 대중이 먹을 수 있을까?" 유마거사의 화신보살이 대답합니다. 걱정을 마세요! 이 음식은 절대 동나지 않는 음식이랍니다. 왜냐고요? 이 음식은 다함 없는 계정혜(戒定慧)에서 나온 것이기 때문입니다. 한량없는 삼천대천세계의 중생들이 수십만 겁 동안 먹어도 동이 날 수가 없답니다.

여기서 이 음식의 정체가 드러납니다. 이 음식은 진리의 음식입니다. 『유마경』 한 권의 가르침이, 여러 사람이 함께한다고 해서 동나는 일이 있던가요? 바로 그런 음식이라는 것이지요. 계정혜로부터 나온 참된 가르침의 음식, 그것은 많은 이들이 나눌수록 더더욱 빛나게 되어 더 많은 이들을 배부르게 합니다. 우리는 그런 음식을 먹는 이들이 됩니다. 『유마경』을 통해 그러한 중향세계, 향적여래가 남기신 음식을 맛보고, 그 향기에 젖어 드는 법열을 느낍니다. 적어도 진리에 대한 추구의 열정을 가진 분들에게는 먹어도 먹어도 끝없는 무한한 음식! 바로 그것이 이 음식이지요.

11장

보살의 참된 수행이란

보살행품(菩薩行品)

보살행품의 주요 내용

이제는 무대를 바꿔야 할 때

유마거사가 부처님을 뵈러 가자고 청한다.

유마거사가 손바닥에 모든 대중을 올리고

부처님 계신 암라팔리 숲으로 이동하여 부처님을 뵙는다.

아난이 부처님께 여쭌다.

(아난은 부처님의 시자라서 유마거사를 방문하지 못하였다.)

"처음 맡아 보는 미묘한 향기!

이 향기는 어디에서 나는 것인가요?"

"보살들의 털구멍에서 나는 향기란다."

사리불이 자랑한다.

"우리들 털구멍에서도 나요.

중향세계의 음식 공양을 받은 이들은 모두

털구멍에서 향기를 뿜어요."

아난이 유마거사에게 묻는다.

"그런데 언제까지 이 향기가 나나요?"

"음식을 다 소화할 때까지 나지요."

그런데 이 음식의 소화는 단지 위와 장에 의한 것이 아니라네.

진리의 음식이기 때문인가?

먹은 이들이 한 단계 높은 수행에 올라야

비로소 소화가 된다네.

그렇지! 진리의 가르침으로 자신을 향상시키지 않는다면

마른 지식에 그치는 것이지.

부처님은 이 음식을 빌미로 삼아

참된 불사에 대해 가르쳐 주신다.

중향세계는 향기가 중심인 세계이기에

향기로 불사를 짓는다네.

그리고 갖가지 세계의 갖가지 중생,

그들의 취향과 근기에 따라 불사의 모습도 달라진다네.

부처님은 그 모든 세계와 중생에 맞추어

온갖 종류의 방편으로 불사를 짓는 분이라네.

이러한 광경을 보고 이러한 가르침을 접한

중향세계의 보살들.

은근히 우월감에 빠져 이 사바세계를 깔보던 마음을 뉘우치고

진심으로 석가모니 부처님께 경배드린다.

부처님은 이 보살들에게

보살의 진정한 실천과 수행을 간곡하게 일러 주신다.

"보살은 유위를 다해서도 안 되고

무위에 머물러서도 안 되는 것이다.

이것이 바로 보살들의 해탈법문(解脫法門)이야."

생멸이 있는 법, 즉 유위법으로

중생을 이익되게 하는 실천을 부지런히 이어 나가지만

그 속에 빠지거나 집착하여 안주하지도 않고,

생멸이 없는 법, 즉 무위법에 굳건히 발을 디디고

수행을 이어 나가지만

유위법의 세계를 무시하지 않고

끊임없이 중생 교화를 행해야 한다는 말씀!

이 해탈법문을 들은 중향세계의 보살들

마음이 열리고 큰 환희심이 솟아오르네.

그 환희를 온갖 보배와 향기로 흩뿌리고

부처님께 경배하고 돌아가니

이제 정말로 우주적 진리 교류가

원만하게 성취되었네.

진리의 음식을 소화시키려면

이렇게 먹어도 동나지 않는 진리의 음식 대중공양이 있었습니다. 그러고는 유마거사가 문수사리보살에게 청합니다. 이제 우리들끼리의 이야기를 마치고 부처님을 찾아뵙자고요. 그리고 모든 대중을 손바닥에 올려 부처님 처소로 옮깁니다. 이런 정도의 신통이야 『유마경』에서는 가벼운 일이니까 그냥 넘어갑시다, 하하.

사리불을 이어 이제 아난존자가 가르침의 물꼬를 트네요. "전에 맡아 본 적이 없는 이 미묘한 향기는 어디서 나는 것인가요?" 앞의 요약에서 밝혔듯이 아난은 부처님의 시자이기에 항상 부처님 곁에서 모셔야 됩니다. 그러니까 많은 대중들이 유마거사를 방문할 때도 따라가지 못하고 있었죠. 그리고 대중들이 돌아오니 그때야 향기를 맡고 그것이 어디서 나는 향기인가를 물은 거죠. 부처님께서 중향세계 음식을 먹은 모든 이들의 털구멍에서 미묘한 향기가 난다고 알려 주십니다. 그리고 사리불이 뼈기면서 자기들 몸에서도 향기가 난다고 하지요.

그때 아난이 묻는 말이 다시 새로운 물꼬를 트네요. "이 미묘한 향기는 얼마나 오래갑니까?" 유마거사가 답합니다. "이 음식이 소화될 때까지 향기가 계속 남습니다." 여기서 다시 물

음이 나올 수밖에 없지요? 그럼 언제 소화되느냐는 겁니다. 이
에 대한 답이 다시 이 음식의 정체를 드러내네요. 번뇌를 끊어
바른 경지에 들지 못한 이는 그 단계를 벗어나야 소화가 되고,
욕망을 벗어나지 못한 이는 욕망을 벗어난 뒤에라야 소화가 되
고, 아뇩다라삼먁삼보리심을 내지 못한 이는 그 마음을 낸 뒤
에야 소화가 되고…. 그렇게 보다 높은 인격으로 한 단계 올라
서야만 소화가 되는 음식이지요. 부처님은 한 맛으로 설법을
하시지만, 중생들은 그 근기에 따라 각각 다른 이익을 얻듯이,
이 진리의 음식은 그 음식을 먹은 이가 한 단계 높은 성장을 이
룩할 때 비로소 소화되는 것입니다. 그리고 향기도 그때 없어
지지요.

　　이 이야기는 참으로 뜻이 깊습니다. 한 맛의 가르침이 온
갖 중생들의 근기에 따라 각각 다른 성취를 이룬다는 것 자체
가 참으로 그 가르침의 오묘함을 말해 줍니다. 그리고 중생들
이 각각 그들의 근기에 따라 한 단계 높은 성취를 이룰 때 이 향
기음식이 비로소 소화된다는 말 또한 음미할수록 그 깊은 뜻
이 드러납니다. 참된 가르침을 들었는데 전혀 인격의 변화라든
가 수행의 진전이 없다면 그게 과연 가르침을 들은 것일까요?
안 들은 것일까요? 『논어집주』의 서문에는 정이천(程伊川)의
다음과 같은 말이 인용되어 있습니다. "『논어』를 읽기 전에 이

런 사람이었는데 읽은 뒤에도 변함없이 이런 사람이라면, 이것은 읽지 않은 것과 같다." 이렇게 전혀 변화가 없는 사람은 과연 어떤 사람일까요? 자신의 인격 향상에는 뜻이 없고, 단지 마른 지식을 자랑하는 데 바쁜 사람 아닐까 싶기도 하군요. 다시 유학의 표현을 빌려 볼까요? 공자가 말합니다. "길에서 듣고 길에서 바로 남에게 지껄여 버리는 것은 덕(德)을 팽개치는 것이다." 순자(荀子)는 좀 더 자상하게 이렇게 말합니다. "소인의 배움이라는 것은 귀로 들어오면 바로 입으로 나가 버린다. 입과 귀 사이는 네 치에 불과하니 (그렇게 귀로 들어와 입으로 빠져나가면) 어떻게 일곱 자의 몸을 아름답게 할 수가 있겠는가?" 참으로 맛깔나는 표현이지요? 우리는 그렇게 가르침을 들으면 소화시키지도 않고 바로 입으로 뱉어 내는 소인의 학문을 해서는 안 되겠지요?

다른 각도에서 이야기한다면, 그렇게 가르침을 인격향상으로 소화해 내고자 하지 않는 사람은 언제나 그것을 장식품처럼 내걸고 티를 냅니다. 남이 알아주기를 바라서 하는 배움, 즉 '위인지학'(爲人之學)을 하는 사람은 꼭 티를 내고 냄새를 풍기는 것이지요. 완전히 소화해 낸 사람은 그 가르침의 냄새를 풍기고 다니지 않습니다. 그저 이미 자기 것이 되었기에 담담하게 실천해 낼 뿐이지요.

중생의 모습에 따라 불사의 모습도 다르다

이 향기 나는 음식의 불사, 그것은 바로 향기불사입니다. 그리고 중향세계의 불사는 바로 향기를 통해서 이루어지지요. 이 향기불사라는 이야기를 시작점으로 삼아 부처님은 온갖 세계에서 이루어지는 불사의 모습을 말씀해 주십니다. 어떤 세계의 특징, 그 세계 속에 사는 중생의 특성과 취향에 따라 끝없이 다양한 모습의 불사들이 이루어진다는 것이지요. 그리고 부처님과 보살들은 중생을 위해 그렇게 다양한 불사를 알맞게 지어나가는 존재입니다.

그럼 우리 사바세계의 불사는 무엇을 통해 이루어질까요? 감히 말합니다. "욕망을 통해서!"라고요. 향기 세계의 중심은 향기이기에 향기를 통해 불사를 한다면, 우리 세계의 중심은 욕망이기에 욕망을 통해서 불사를 한다고 말하는 것입니다. 그러니 우리의 욕망을 저열하다고 해서는 안 됩니다. 그 욕망을 통해 불사를 이루고, 결국 그 욕망을 벗어나는 것 또한 욕망을 통해서입니다. 부처님의 말씀을 다시 한 번 음미해 보지요. "어떤 불국토에선 광명으로 불사를 짓고…. 어떤 불국토에서는 온갖 음식으로 불사를 지으며…. 어떤 불국토에서는 누대와 궁전으로 불사를 짓는다." 결국 모든 불국토는 그 불국토 중생의 근기에 맞게 불사를 짓는 것이니, 그런 불국토들의 불사에 높고 낮은 차등이 있다는 관념을 버려야 한다는 것이지요. 그리고 참된 보살행을 설파하십니다. "보살은 크나큰 사랑의 마음을 버리지 않고, 크나큰 연민의 마음을 잃지 않는다… 중생을 성숙시키기 위해 한시도 게을리하지 않는다…. 그대들 모두 부지런히 배우고 닦아야 한다."

이런 부처님의 말씀에 중향세계에서 온 보살들은 자신들이 이 사바세계의 더러움에 대해 경멸하는 마음을 냈던 것을 참회합니다. 중향세계의 보살들이 사바세계에 방문할 때 향적부처님께서 분명하게 경계를 하셨지요? "사바세계에 가거든 부디 잘난 척하지 말아라. 그리고 그 세계의 더러운 모습을 보더라도 깔보는 마음 내지 말고. 불국토라는 것은 본디 차별이 없는 것이란다. 모두 부처님이 중생들을 성숙시키기 위해 그런 모습을 드러내고 있을 뿐인 것이야." 대략 이런 뜻의 말씀이셨어요. 그런데도 중향세계의 보살들, 자기도 모르는 사이에 향적부처님의 경계를 잊고 잘났다는 생각, 깔보는 생각에 빠져 있었던 것이지요. 부처님과 유마거사의 뛰어난 가르침을 듣고 나니 향적부처님의 경계가 다시 떠오르면서 정신이 번쩍 들 수밖에 없었겠지요. 그래서 깊이 뉘우치는 그들에게 부처님께서 마무리로 참된 보살의 실천을 일러 주십니다. 그 가르침은 역시 『유마경』의 중심 주제, 대승적 실천의 근본을 유위법과 무위법이라는 틀 속에서 표현해 낸 것입니다. 펼치면 『유마경』의 찬란한 묘사가 되지만, 결국은 다음과 같이 짧게 요약할 수도 있지요.

"유위법에도 무위법에도 치우쳐 머물지 말아라. 유위법을 끊임없이 지어 나가 중생을 교화하되 거기에 빠지거나 집착하지 말고, 무위법에 굳게 발을 디디고 수행을 이어 나가지만 거기에 들어앉아 생멸의 유위세계를 버리지 말아라."

여기서 유위법과 무위법이 무엇인가를 자세히 설명하려면 너무 어렵고도 긴 이야기가 될 것 같습니다. 그래서 가장 단순한 방법으로 그 본질을 드러내 보도록 하겠습니다. 무위법, 즉 생멸과 작용이 없는 법에는 무엇이 있을까요? 딱 두 가지가 거기 해당됩니다. 허공과 열반이에요. 그 밖의 모든 것은 다 유위법이라고 보시면 됩니다. 허공이라는 것은 본디 아무것도 없는, 모든 존재가 거기에 놓여 있는 바탕일 뿐이기에 어떤 변화와 작용도 없습니다. 열반이란 모든 번뇌의 불꽃을 꺼 버린 것을 말하는 것이기에 또한 생멸과 변화가 없습니다. 그리고 그것은 진여라고도 표현할 수 있는, 우리의 수행이 도달하는 궁극점이지요. 그러니까 이 유위법과 무위법으로 보살의 실천을 설명하는 틀은 사리불에게 유마거사가 좌선을 참된 의미를 설명한 그 틀을 벗어나지 않지요.

"멸진정에서 벗어나지 않으면서[무위법] 일상의 위의를
드러내는 것[유위법]이 좌선이다. … 열반을 증득했더라도[무
위법] 그 열반에 머물지 않는 것을[유위법] 좌선이라 한다."

이런 석가모니 부처님의 높고도 높은 가르침을 들은 중향
세계의 보살들, 모두 환희심을 내면서 돌아갑니다. 뉘우침으로
비운 마음이기에 참된 가르침이 온전하게 소화되며 전해졌겠
지요. 그래서 중향세계의 미묘한 향기도 그 미묘함을 한층 더
했을 것이구요.

우리도 여기서 찬탄을 하고 환희심을 냅니다. 우리 사바
세계의 저열한 욕망을 더럽다고 하지 않으시고, 그것을 매개로
그 욕망이 덧없음을 드러내시며, 욕망을 매개로 한없는 불사를
일으키시는 부처님을! 그리고 부처님의 말씀을 받들어, 이 사
바세계에서 향상심을 잃지 않고, 욕망의 물꼬를 서원으로 돌려
끝없는 불사를 일으키는 이들을…. 물러나지 않는 대승의 큰마
음을 낸 우리 속의 보살님들을!

바로 여러분이 그들입니다!

12장

움직임이 없는 부처님을
움직여 오니

견아촉불품(見阿閦佛品)

견아촉불품의 주요 내용

부처님이 유마거사에게 물으신다.

"그대는 어떻게 여래를 보는가?"

유마거사가 여래란 무엇인가를 설한다.

"오는 것도 아니고, 가는 것도 아니며…

인식 주체도 아니고 인식 대상도 아니며…

공양받을 만한 이[應供]도 아니고

공양받을 만한 이가 아닌 것도 아니며…"

결론은 무엇인가?

"어떤 분별로도 파악될 수 없으며

어떤 낱말이나 언어로도 설명될 수 없다."

이렇게 보는 것만이 참되게 여래를 보는 것이며

다르게 보는 어떤 것도 삿되게 보는 것이다.

이런 유마거사의 웅대한 변론을 옆에서 지켜본 사리불,

부처님께 여쭌다.

유마거사는 어떤 세계로부터 죽어

이 세상에 태어났는가를.

부처님은 유마거사에게 직접 물어보라 미루시네.

유마거사의 답변을 들어 볼까?

"진리의 관점에서 보면 죽고 사는 일은 없는 것이요,

환상과 같은 육체적 생명에는

죽고 산다는 것을 말할 것이 없다."

하! 정말 유마거사는 한 치의 용서도 없이

원론을 설파하시네.

답을 미루었던 부처님이 슬쩍 알려 주신다.

"유마거사는 묘희(妙喜)라는 세계에서 죽어 이 세계에 났단다.

그 세계의 부처님 이름은 '아촉' 부처님이지."

'아촉'은 무동(無動), 즉 움직임이 없다는 뜻이니

움직임 없는 부처님이 계시는 세상이로다.

유마거사는 그 청정한 세계에서 중생을 건지기 위해

이 사바세계에 태어났다네.

모든 대중들이 오묘한 기쁨의 세계와

움직임 없는 부처님 뵙기를 열망한다.

부처님은 유마거사에게 그들의 열망 이루어 주기를

부촉하신다.

유마거사는 그 세계의 모든 모습을 그대로

손바닥 위에 올려서 사뿐히 이 세계로 옮겨 온다.

아하! 움직임 없는 부처님의 세계가

유마거사 신통으로 움직여 오네!

그 세계의 보살과 성문 대중들,

그리고 천신들이 놀라 소리친다.

"으악! 누가 우리를 데려간다. 부처님 살려주세요!"

"걱정 말아라. 유마거사가 신통력으로 하는 일,

나도 어쩔 수가 없구나."

그렇게 오묘한 기쁨의 세계가 이 세계와 겹쳐졌는데

두 세계 모두 아무 장애가 없다.

참으로 불가사의한 일일레라!

유마거사와 대중들,

무동여래와 석가모니 부처님께 꽃 뿌려 공양 올린다.

참으로 훌륭한 오묘한 기쁨의 세계요.

이 세계에 감복하고 찬탄하지 않을 수 없구나.

모두 그 세계에 태어나기를 원한다.

부처님께서 모두가 반드시

그 세계에 태어날 것을 수기하신다.

마무리로 유마거사가 묘희세계를

다시 제자리에 돌려놓으니

불가사의하고도 불가사의한 우주 중첩의 위대한 역사가

성대하고 찬란하게 마무리되었구나.

유마거사는 어디에서 이 세계로 왔는가?

오늘은 유마거사의 전생 세계 돌아보는 일을 해보기로 하겠습니다. 아촉불(阿閦佛)을 뵙는 이야기이지요.

부처님이 유마거사에게 묻습니다. "그대는 부처, 즉 여래를 어떻게 보는가?" 현장삼장의 번역에는 "그대는 여래의 몸을 보고 싶어서 이곳에 온 것인데, 어떻게 여래를 본다고 하겠는가?"라고 하네요. 여기 나를 보러 왔는데, 이 육체를 가진 나를 보는 것인가? 아니면 진리의 현현이요, 참 생명의 온전한 실현인 여래의 참모습을 보는 것인가? 이런 느낌이 드네요. 『금강경』에서 "32상으로 여래를 보는가?" 같은 물음이 있는데, 그런 맥락이 아닌가 싶어요. 이에 대해 유마거사는 참으로 장광설로 여래를 보는 올바른 방법을 말합니다. 그 변설이 참으로 휘황찬란하지요.

(여래는) 과거로부터 온 것도 아니고, 미래로 가는 것도 아니며, 따라서 현재에 머물러 있는 것도 아닙니다. … 차안(此岸, apra)에 있는 것도, 피안(彼岸, pra)에 있는 것도, 그 중간[中流, madhyaugha]에 있는 것도 아니면서 중생을 교화하고 계십니다….

그런 유마거사의 말들을 하나 하나 쫓아가다 보면 오히려 부처님을 보는 관점을 잃지 않을까 하는 걱정이 들 정도지요. 그래서 과감하게 제 나름으로 정리를 합니다. 차안, 즉 이 고해 세상에 몸으로 나타나신 부처님에 매달려서도 안 됩니다. 피안, 즉 열반의 진리에 머문 것으로 보아서도 안 됩니다. 이 사바 세계에 몸을 나타내신 부처님을 매개로 하되 그것에 얽매이지 않고, 참 진리를 깨달아 참 생명을 온전히 실현하신 부처님의 모습을 보아야 합니다. 그렇지만 다른 한편으로는 우리 역사적 현실이라는 조건 속에 육신을 나타내시어, 그 조건에 맞는 팔만사천의 대기설(對機說)을 펴신 그 모습을 바로 보아야지요. 궁극의 진여라는 관점에 매달려 현실의 조건을 잊으면 안 된다는 말입니다. 앞의 「제자품」에서 아난존자가 부처님 병 때문에 우유를 얻으러 나갔을 때의 이야기를 한번 생각해 보세요. 부처님 몸에 무슨 병이 있겠느냐는 유마거사의 힐난에 아난존자가 어쩔 줄 몰라할 때, 부처님 목소리가 들려오지요? 부처님이 이 세상에 몸을 나타내셨기에, 그 육신의 덧없음이라는 것을 보이기 위해 병을 앓으신다구요. 그러니 우유 공양 받아서 오라구요. 바로 그렇습니다. 그렇게 중도적인 관점에서 부처님을 봐야 할 것 같습니다.

아무튼 유마거사의 지혜와 변재에 느낀 바가 있었는지,

사리불이 부처님께 여쭙니다. "유마거사는 어떤 세상에서 목숨을 마치고 이 사바세계로 태어났나요?" 부처님은 "직접 물어보려무나" 하고 등을 슬쩍 떠미십니다. '네 역할 있잖아. 또 한 번 유마거사에게 한 방망이 맞고 와야 이야기가 펼쳐지지' 하는 느낌이 드는 건 필자의 상상일까요? 그런데 역시 그렇게 전개가 되는 걸 보면 『유마경』 읽다가 제 상상력이 신통력 경지로 올라간 것? 이크, 착각 중지!

유마거사는 용서 없이 원론을 이야기하지요. "어떻게 그런 물음을 던질 수가 있나요?" 하는 어조입니다. 근본적인 진리의 입장에서 그 물음이 의미 없다는 것이지요. 근본 진리에는 오고 감, 태어나고 죽음 등의 차별적 관념이 작용하지 않습니다. 또 이 몸이라는 것은 환상과 같은데 그 환상에 낳고 죽음을 말하는 것이 무슨 의미가 있느냐고요. 맞는 말이기는 합니다만, 그렇게만 나가면 전혀 이야기 진행이 안 되겠지요? 역시 부처님이 슬그머니 현실적인 이야기로 돌려 주십니다. "묘희국(妙喜國, Abhirti)이라고 하는 나라가 있는데, 그곳 부처님의 이름은 무동(無動=阿閦, Akobhya)이다. 이 유마힐은 그 나라에서 죽어서 이곳에 와서 태어난 것이다."

그러자 모든 대중들은 그 청정한 국토에서 이 사바세계에 온 유마거사를 찬탄하는 마음을 내고, 그 세계를 보고 싶어 합

묘희세계의 부처, 아촉불.

니다. 부처님은 슬쩍 이 마음을 빌미로 유마거사에게 그 세계를 대중들에게 보여 주라고 부촉하십니다. 그러자 유마거사는 신통력으로 그 세계를 오른손으로 떼어내어 이 세계 속에 들여 놓습니다. 『유마경』의 표현에 의하면 "마치 꽃다발을 손에 든 것처럼" 말이지요. 참으로 『유마경』답네요. 다른 세계에서 사자좌를 빌려오고, 또 다른 세계에서 향기로운 밥도 얻고 대중들도 데려오고, 이제는 아예 딴 세계를 뚝 떼어 이 세계 속으로 들여놓네요. 그런데 그 세계와 이 세계가 전혀 서로 방해를 받지 않는다는 것이지요! 엄청난 이야기가 마치 일상의 일처럼 벌어집니다. 그리고 그 하나 하나가 깊고도 깊은 비유와 가르침을 담고 있지요. 이게 바로 『유마경』입니다. 지금 이 세계로 들어온 세계의 부처님은 아촉불, 뜻으로 말하면 무동여래란 말씀이지요. 움직임이 없다는 그 부처님이 유마거사 손길에 그 세계와 함께 뚝 떼어져 이 세계 속으로 왔네요. 이 변화무쌍한 세계 속에 움직임 없는 부처님이 들어온 것이려나요? 그렇다면 과연 움직임이 있는 겁니까, 없는 겁니까? 여기서 한번 헛소리 비슷한 게송 하나 읊고 지나가렵니다.

유마의 현묘한 침묵, 폭포 같은 웅변을 쏟아내고
무동부처님 오묘한 환희, 그 감응이 번개와 같구나!

한문으로 하면 "유마현묵토현하 무동묘희감여전"(維摩玄默吐懸河 無動妙喜感如電)쯤 되려나요. 슬쩍 부려본 객기, 너그러운 웃음으로 넘어가 주세요. 그렇지만 저 나름으로 이 이야기의 뒤에 숨겨져 있는 의미를 좀 드러내 보고 싶은 욕심에 지어 보았다는 것을 알아주시면 좋겠구요.

움직임 없는 부처님의 세계가 이 속으로 옮겨 온다는 것은 무슨 의미일까요? 유마거사의 신통력으로 이 변화무쌍한 세계, 즉 유위법의 세계 바탕에 무위법의 진리를 드러내는 것이 아닐까요? 그 움직임을 넘어선 진여를 엿볼 수 있는 소중한 계기가 유마거사에 의해 열려졌음을 비유한 것이라고 보아도 좋구요. 그런데 그 움직임 없음은 죽어 있는, 타버린 재와 마른 나무등걸 같은 움직임 없음이 아닙니다. 우리의 일상적인 삶 속으로 그 움직임 없음을 번개처럼 드러내는, 활발발한 움직임 없음이라 해야 할 것입니다. 유마거사 한 개인의 태어남과 죽음도 근본적으로는 그 움직임 없음을 근본으로 한 것이라 보아야 하구요. 유마거사의 출신지가 그 세계라는 것은 바로 그런 이야기로 읽을 수 있습니다.

아무튼 이 무동부처님의 오묘한 기쁜 세계를 본 모든 대중들은 큰 환희심과 아뇩다라삼먁삼보리심을 내고 그 오묘한 세계에 태어나기를 발원합니다. 유마거사의 출신지, 움직임 없는 세계, 사실은 모든 대중들의 출신지가 거기일지도 모르는 그 세상. 그렇지만 이미 그 세상의 기억은 잃어버리고, 중생 모습 속에 들어와 있지요. 유마거사의 신통으로 대중들이 그 세계, 즉 자신의 고향 세계를 보고 그리운 마음이 솟구쳐 오른 것은 아닐까요? 제 상상력이 우주 밖으로 뛰쳐나가고 있다고요? 『유마경』 읽을 때는 이런 엉뚱한 상상이 오히려 도움이 될 것 같아서 그런 것인데 그렇게 야단치지 마시구요. 하하!

자, 본 줄기로 돌아갑니다. 부처님께서는 모든 대중들이 반드시 그 불국토에 태어날 것이라고 수기를 주십니다. 여러분들도 그 오묘한 환희의 세계, 움직임을 넘어선 그 세계에 가고 싶다고요? 잠깐! 여러분 기억을 휘익 돌려 보시지요. 「보살품」에서 미륵보살이 수기 문제로 유마거사에게 힐난을 당하던 이야기를 더듬어 보세요. 이치상으로 보아 미륵보살이 수기를 받았다면 모든 중생이 수기를 받은 것이라고! 그래서 우리 모두 수기를 받은 것이라고! 그렇게 이야기되지 않았던가요? 그러니까 똑같은 논리로 여러분도 묘희세계 무동부처님 앞에 태어날 수기를 받으신 겁니다. 우리 모두 기뻐하고 축하합시다. 이런 거룩한 수기에 동참하게 하는 『유마경』을 찬탄합시다.

13장

이 가르침을
길이 이어 나가고
널리 전하라!

법공양품(法供養品) · 촉루품(囑累品)

법공양품과 촉루품의 주요 내용

제석천이 부처님께 아뢴다.

"이처럼 뛰어난 해탈법문은 들은 적이 없습니다.

만약 어떤 중생이라도 이 법문을 받아 지녀,

믿고 실천하고 남에게 전해 준다면,

비할 데 없는 큰 공덕과 깨달음을 성취할 것입니다."

그리고 다짐한다.

"만약 이런 중생이 있다면

저는 모든 권속과 함께 그를 공경하고,

그 법을 옹호하여 모든 장애와 난관을 없게 하여,

널리 퍼지도록 하겠습니다."

부처님께서 제석천의 뜻을 칭찬하며 말씀하신다.

"모든 부처님을 모든 보배로

한 겁이 다하도록 공양하는 것보다

이 가르침을 받아 지니고 믿어 실천하며,

남에게 널리 전하는 공덕이 훨씬 더 크단다."

이렇게 제석천에게 법공양의 큰 공덕을 알려 주면서

부처님의 전생 이야기를 들려주신다.

과거 약왕여래 세상, 보개왕의 아들 월개왕자가

참된 법공양의 뜻을 깨닫고 실천하여

약왕여래로부터 수기를 받았다는 것을….

그리고 바로 그 월개의 후신이 바로 지금의 석가모니 부처님

당신이라는 것을!

부처님께서는 미래의 부처님인 미륵보살에게

이 가르침을 잘 옹호하고 보전하며

널리 유포시키라 부촉하신다.

미륵보살은 그 뜻을 받들기를 굳게 다짐하며

모든 보살들과 천신들도

거기에 동참할 것을 서원한다.

마지막으로 부처님은 아난에게 이 법문을 잘 받아 지녀

널리 유포하라 부촉하시면서

경의 이름을 말씀해 주신다.

그 이름은 '유마힐소설'(維摩詰所說)이다.

이제 저의 『유마경』 이야기가 마무리를 짓게 되었네요. 좀 분수에 넘치는 짓을 시작한 죄로 저도 고생이 많았습니다. 몇 년 전에는 모 불교 신문에 매주 200자 원고지 30매씩을 연재했었는데, 그때는 그리 힘들다는 생각을 하지 않았습니다. 그런데 이 이야기는 두 달에 한 번 꼭 그만큼을 쓰는데 얼마나 힘이 드는지…. 왜 그럴까요? 원인은 단 하나입니다. 그때는 경에 관해서 쓰는 것이 아니고 지금은 경에 대해 쓰는 것, 바로 그 때문입니다. 제가 아무리 이야기식으로 가볍게 쓴다고 선언하고 시작했지만, 역시 부처님 말씀인 경을 다룬다는 것이 엄청나게 부담스럽더라구요. 그런 고생을 하면서 그래도 지금까지 이끌어 온 저에게 조금 칭찬을 해주셔도 좋습니다.

그리고 이제 마무리를 하는 마당에 밝혀 둘 게 하나 있습니다. 이 글을 쓰면서 정말 한 권의 참고서도 읽지 않았다는 사실이지요. 물론 꽤 오래전에 여러 도반들과 『유마경』을 여러 번 윤독한 적은 있습니다. 그런데 그때도 참고서 봐 가면서 읽지는 않았던 것 같구요. 이게 꼭 자랑할 일은 아니지만, 그래도 이 글은 못났든 잘났든 저 나름대로 『유마경』을 읽고, 그 뜻에 대해 치열하게 모색하고…, 그렇게 발효·숙성의 과정을 거쳐 나온 것이라는 말이지요. 그러니 우리 독자님들도 "성태용의 못난 이야기에 그래도 볼만한 게 있나?" 하는 생각으로 읽어 주시기 부탁드립니다. 혹 한두 가지라도 건지셨다는 분이 있으면 저로서는 정말 행복한 일이겠습니다.

이 경을 받아 지니고 전하는 공덕은 비길 것이 없으니

이번 마지막 회, 더더욱 조심스러운 마음으로 마지막에 큰 실수하지 않도록 이야기를 풀어가 보겠습니다. 지금까지 무식한 도깨비의 무식한 소리라고 하면서 너무 날뛰어, 지금 조심해도 이미 좀 늦었다구요? 에이, 넘치는 자비심으로, 무식한 도깨비의 무식한 소리도 가끔은 들을 만할 때가 있었다고 칭찬해 주셔야죠. 이건 정말 애절한(?) 마음으로 조심스럽게 드리는 부탁입니다.

제 부탁에 고개를 끄덕이는 모습을 생각하며 이야기를 시작해 보지요. 마지막 이야기는 제석천이 대표로 유마거사를 중심으로 벌어진 위대한 진리의 향연에 대한 찬탄을 부처님께 아뢰는 대목부터 시작합니다. 일찍이 들어 본 적이 없는 불가사의한 가르침을 만난 것을 기뻐하고, 이 가르침을 받들고 실천하는 이들은 부처 되는 길로 물러남 없이 나갈 것이며 한없는 복을 누릴 것이라고요. 그리고 자신은 이 가르침이 펼쳐지는 곳이라면 어디라도 달려가 들을 것이며, 이 가르침에 동참하는 이들을 보호하여 어떤 장애도 없도록 하겠다구요. 그러자 부처님은 제석천을 칭찬하면서, 이 참된 가르침을 믿고 이해하고 실천하며 남에게 전하는 이들이 누리는 복은 측량할 수 없이 크다고 말씀하십니다. 한없이 많은 부처님께 한량없는 보시를 행한 공덕보다도 이 가르침을 받들고 실천하며 전파하는 공덕이 더 크다고요. 『금강경』에 비슷한 이야기가 있지요? 법보시의 공덕은 그렇게 큰 것입니다. 그러한 사실을 부처님의 전생 이야기를 통해 말씀해 주시네요. 약왕여래 시절 보개(寶蓋)라는 전륜성왕의 아들, 월개(月蓋)라는 왕자가 있었답니다. 그는 약왕여래에게 법보시의 공덕에 대한 가르침을 듣고, 그것을 실천하여 큰 깨달음의 길로 나갔습니다. 한없이 많은 중생을 이롭게 했으며, 결국 부처를 이루었다네요. 그리고 우리 석가모니 부처님이 월개 왕자가 법보시의 가르침을 실천 수행하여 궁극적으로 이룩한, 바로 그 부처님이라구요. "그리고 그 월개 비구는 바로 나이다!"

이렇게 월개 왕자의 이야기로 법보시의 큰 공덕을 말씀하신 뒤, 미륵보살에게 이 가르침을 널리 유통시켜 소멸되지 않도록 하라고 부촉하십니다. 미륵보살은 기쁨에 차서, 후세에 이 가르침을 지녀 외우고 실천하며 남에게 전하는 이들을 수호

하겠다고 다짐합니다. 그리고 이 세계와 다른 세계에서 온 모든 보살, 모든 천신(天神)들 또한 마찬가지로 다짐하고 서원합니다.

이제 마지막으로 부처님은 아난존자에게 이 가르침을 받아 지녀 세상에 널리 전하라고 부촉하십니다. 아난존자가 이 가르침의 이름을 묻자 부처님께서는 이렇게 말씀하십니다.

"아난아, 이 경전을 '유마힐이 설한 것'[維摩詰所說]이라고 이름하며, 또 '불가사의한 해탈의 진리'[不可思議解脫法門]라고 이름한다. 이같이 받아 지니도록 하여라."

이크! 마지막이 아니군요. 부처님께서는 지금의 우리에게 시공간을 뛰어넘어 이렇게 부촉하셨습니다.

"지금 너희들 세상은 둘이 아닌 진리의 길을 등지고 양극화로 치달아, 온갖 갈등과 투쟁이 중생들을 고통에 빠뜨리고 있을 것이다. 또한 불교라는 이름 아래 내 가르침에서 벗어난 가르침이 날뛰고, 대승이라는 허울을 쓰고 소승의 행태를 하는 무리들이 행세를 하고 있을 게야. 이 경은 그런 상황을 해소하고 내 가르침의 참된 뜻을 드러내어, 온 중생에게 기쁨과 평화를 주고 궁극적인 깨달음으로 인도하는 가장 올바른 방향타라 할 수 있으니 그 깊은 뜻을 이해하고 실천하여, 내 가르침이 온 누리에 빛나도록 해주려무나! 그 복덕은 삼천대천세계에 가득

찬 칠보로 보시를 하는 것보다 더 크단다."

그리고 수기를 주실 것입니다. "이 가르침을 받아 지니고 실천하며 전하는 법보시의 공덕으로 너희 모두 묘희세계 무동불 앞에 태어날 것이며, 계속 지혜와 자비의 길을 걸어 마침내는 부처를 이룰 것이니라!"

어설프게나마 이런 부처님의 부촉과 수기를 여러분께 전한다는, 분수에 넘치는 생각을 합니다. 부족한 저의 생각이 이 현실의 불교를 좀 더 대승의 본래 뜻에 가깝게 하는 데 조그마한 도움이 되기를 기대합니다. 이런 저의 뜻이 눈 밝은 이의 호응을 얻는 행운이 있어, 부처님 가르침이 빛나는 세상을 이루는 작은 흐름이라도 일으키기를 기원합니다.

「보살품」에 나왔던 '꺼지지 않는 등불'(無盡燈)의 가르침에 이런 저의 바람을 담으면서 '성태용의 『유마경』 이야기'를 마칩니다

"한 등불이 백천(百千)의 등불로 이어져 어둠이 모두 밝아지고, 그 밝음이 끝내 사라지지 않습니다. 이같이 한 사람의 보살이 백천 중생의 마음을 열고 이끌어 아뇩다라삼먁삼보리심을 일으키게 합니다. 그 깨달음을 구하는 마음이 영원히 사라지지 않고, 부처님께서 설하신 가르침에 따라 훌륭한 법[善法]이 계속 늘어나게 합니다. 이것을 꺼지지 않는 등불이라고 하

는 것입니다."

여러분들 모두가 꺼지지 않는 등불을 밝히는 그 길에 함께하시기를! 저도 그 길에서 여러분들을 뵙기를!